# Le Conseil constitutionnel, juge de l'impôt

## État des lieux de 15 ans de QPC fiscales

**Logiques Juridiques**

*Fondée par Gérard Marcou*

*Dirigée par Thomas Perroud*

Le droit n'est pas seulement un savoir, il est d'abord un ensemble de rapports et pratiques que l'on rencontre dans presque toutes les formes de sociétés. C'est pourquoi il a toujours donné lieu à la fois à une littérature de juristes professionnels, produisant le savoir juridique, et à une littérature sur le droit, produite par des philosophes, des sociologues ou des économistes notamment.

Parce que le domaine du droit s'étend sans cesse et rend de plus en plus souvent nécessaire le recours au savoir juridique spécialisé, même dans des matières où il n'avait jadis qu'une importance secondaire, les ouvrages juridiques à caractère professionnel ou pédagogique dominent l'édition, et ils tendent à réduire la recherche en droit à sa seule dimension positive. À l'inverse de cette tendance, la collection « Logiques juridiques » des éditions L'Harmattan est ouverte à toutes les approches du droit. Tout en publiant aussi des ouvrages à vocation professionnelle ou pédagogique, elle se fixe avant tout pour but de contribuer à la publication et à la diffusion des recherches en droit, ainsi qu'au dialogue scientifique sur le droit. Comme son nom l'indique, elle se veut plurielle.

**Dernières parutions**

Solitris LYTRAS, *La notion de sanction dans l'univers répressif européen. De sa naissance à sa consécration*, 2025.
Carlo IANELLO, *L'État du pouvoir. Politique et droit dans l'ère de la post-liberté*, 2025.
Jean-Sébastien BODA, *La notion de bloc de constitutionnalité*, 2025.
Fabienne QUILLERÉ-MAJZOUB, Tarek MAJZOUB, *Égypte-eaux du Nil : je t'aime... moi non plus ! Les relations juridiques de l'Égypte au* vade-mecum *de notre héritage*, 2025.
Jean-Pierre BÉNARD, *Nos redoutables paranoïas de gouvernance, Un impensé lourd de conséquences*, 2025.

Louis Karcenty

# Le Conseil constitutionnel, juge de l'impôt

## État des lieux de 15 ans de QPC fiscales

*Préface de Martin Collet*

L'Harmattan

**5-7, rue de l'École-Polytechnique – 75005 Paris**

www.editions-harmattan.fr

ISBN : 978-2-336-57428-8
EAN : 9782336574288

# Sommaire

*Je remercie mon directeur de mémoire, M. Mirko HAYAT, pour ses conseils avisés pour la rédaction et les sources du mémoire qui a servi de fondement à cet ouvrage, M. Martin COLLET, directeur du Master 2 Fiscalité Internationale de Paris II Panthéon-Assas, dont l'enseignement et les ouvrages en ont inspiré la thèse.*

*« Quand je vois le piteux état de notre système fiscal, quand je me retourne sur les plus de quarante ans où je l'ai vu se former ou plutôt se déformer, je me dis que cela ne peut plus durer. Il faut que cela change ! »*

M. Taly (ancien Directeur de la Législation Fiscale)
in *Les coulisses de la politique fiscale*

# Préface

Proposer, en 2025, un état des lieux de la jurisprudence fiscale du Conseil constitutionnel se justifie par (au moins) une bonne raison que le présent ouvrage met parfaitement en lumière : les évolutions de cette jurisprudence s'inscrivent assurément dans un calendrier qui n'est pas sans lien avec celui des nominations au sein de l'institution. Or, en mars 2025, trois nouveaux membres – dont un nouveau président – ont rejoint le Conseil, épaulés par un nouveau secrétaire général. Sans prétendre les influencer directement, cet ouvrage tombe à pic pour nourrir les réflexions de ceux qui contribueront, au sein du Conseil comme du côté de ses usagers, à forger les décisions de demain.

Lire l'évolution du droit à la seule aune de la personnalité des juges qui le façonnent serait évidemment réducteur – et même assez stupide. Pour autant, comme le montre de manière incidente mais évidente Louis Karcenty, les multiples innovations jurisprudentielles auxquelles on a assisté depuis 2010 et jusqu'au début de l'année 2016 (innovations dont on peut penser ce qu'on veut mais qui ne manquent pas de cohérence et qui traduisent une vision assez nette du rôle et des limites de la règle fiscale) ont laissé place, par la suite, à une jurisprudence qui – c'est le comble – s'est révélée à la fois beaucoup moins audacieuse et beaucoup plus imprévisible :

plus que le conservatisme, c'est le flottement rédactionnel et le tâtonnement quant à la portée des principes qui caractérisent nombre de décisions fiscales rendues depuis mars 2016, et tout particulièrement de décisions « QPC » rendues après un renvoi évidemment justifié par le Conseil d'État ou par la Cour de cassation, mais qui, de manière surprenante, confirment la conformité à la Constitution de dispositions pourtant baroques.

Il ne nous revient pas ici de proposer une sorte de palmarès de ces décisions : l'ouvrage de Louis Karcenty en envisage de nombreuses et permet au lecteur de se faire sa propre opinion sur leur pertinence au regard de l'état du droit constitutionnel qu'elles viennent ainsi prolonger. Il apparaît en revanche évident que, plus que leur personnalité, le niveau variable d'implication de certains membres de l'institution – et pas seulement de son président – dans le travail de maturation puis de rédaction des décisions portant sur la matière fiscale explique une bonne part de l'incompréhension que beaucoup de ces décisions ont suscité chez les commentateurs, tout autant que, bien souvent, chez les juges (ou chez les parlementaires) qui avaient cru pertinent de saisir le Conseil d'un texte fiscal dont la constitutionnalité leur semblait douteuse. Formons le vœu que les écrits d'observateurs attentifs et critiques, tel que ceux que nous offre Louis Karcenty, convainquent les gardiens de la constitutionnalité des lois fiscales de ne pas délaisser cette matière dont la technicité peut rebuter mais dont l'importance, à l'heure où l'impôt est plus que jamais au cœur des débats de société, ne peut être ignorée.

*Martin Collet*
*Professeur à l'université Paris Panthéon-Assas*

# Introduction

*Vigilantibus non dormantibus jura subveniunt*[1]. Cet adage romain résume bien les enjeux de la question prioritaire de constitutionnalité (QPC) en matière fiscale : l'avocat fiscaliste vigilant peut s'appuyer sur la Constitution pour contester la validité d'une loi ou d'un règlement qui fait supporter une charge fiscale que son client considère excessive. Dès son introduction en 2010 à la suite de la réforme constitutionnelle du 23 juillet 2008 à l'article 61-1 de la Constitution, la QPC rend la source constitutionnelle vivante dans le contentieux fiscal ordinaire.

Auparavant essentiellement mobilisée en matière fiscale par les seuls parlementaires d'opposition qui pouvaient, s'ils réunissaient 60 députés ou sénateurs, saisir le Conseil constitutionnel par la voie du contrôle *a priori* à propos de la constitutionnalité de dispositions législatives[2], la Constitution est devenue, pour un court instant, un outil très sollicité, au service des contribuables bien conseillés qui veulent défendre leurs droits financiers face à l'administration fiscale : au 1er juillet 2010, soit six mois après l'entrée en vigueur du dispositif de QPC, 150 QPC fiscales avaient déjà été soulevées

1. « Le droit sert ceux qui veillent et non ceux qui dorment ».
2. Article 61 de la Constitution.

devant les juridictions administratives et judiciaires[1] – les QPC fiscales représentant 56 % des QPC soulevées en première instance et 60 % de celles soulevées en appel[2].

Une étude parue dans la revue du Conseil constitutionnel avait identifié les principaux sujets que le contentieux aurait à trancher et qui alimentent depuis lors la jurisprudence constitutionnelle fiscale : l'application dans le temps de la loi fiscale[3], la spécificité du contrôle en QPC par rapport au contrôle *a priori*[4], les sanctions en matière fiscale[5], les champs respectifs du principe d'égalité devant la loi et du principe d'égalité devant les charges publiques[6] ainsi que l'existence d'autres principes invocables dans le cadre du contentieux fiscal constitutionnel[7].

En effet, le bloc de constitutionnalité ne manque pas de dispositions invocables en matière fiscale : outre le principe d'égalité devant la loi, garanti par l'article 6 de la déclaration des droits de l'homme et du citoyen (DDHC) et le principe d'égalité devant les charges publiques, garanti par l'article 13 du même texte, le contentieux fiscal fait aussi intervenir des sanctions pénales, qui doivent respecter les principes de

1. C. de la Mardière « Première décision « QPC » du Conseil constitutionnel en matière fiscale », *Constitutions*, 2010, p. 419.
2. E. Bokdam-Tognetti, « QPC et contentieux fiscal : bientôt 4 années d'enrichissement mutuel et d'évolution sans révolution », RJF 12/2013, pp. 979-988.
3. S. Austry, « QPC fiscale et effets de la décision dans le temps », *Les Nouveaux Cahiers du Conseil constitutionnel*, 2011/4, n° 33, pp. 69-84.
4. P. Collin, « Le Conseil constitutionnel juge de l'impôt en 61 et 61-1 : différences et ressemblances », *Nouveaux Cahiers du Conseil* constitutionnel, 2011, n° 33, pp. 27-40.
5. D. Gutmann, « Sanctions fiscales et constitution », *Nouveaux Cahiers du Conseil constitutionnel*, 2011, n°33, pp. 41-54.
6. O. Fouquet, « Le Conseil d'État et le principe d'égalité devant l'impôt », *Les Nouveaux Cahiers du Conseil* constitutionnel, 2011/4, n° 33, pp. 7-14.
7. E. de Crouy-Chanel, « Le Conseil constitutionnel mobilise-t-il d'autres principes constitutionnels que l'égalité en matière fiscale ? », *Nouveaux Cahiers du Conseil constitutionnel*, 2011/4, n° 33, pp. 15-26.

légalité des délits et de peines (article 8 DDHC) et de proportionnalité et de nécessité des peines (article 9 DDHC), sans compter que l'impôt porte par nature atteinte au droit de propriété protégé par les articles 2 et 17 DDHC.

Cette nouvelle voie contentieuse ouverte par la QPC devait être d'autant plus empruntée qu'elle intervenait dans un contexte où la fiscalité française était la cible de critiques nourries, qui tenaient d'une part, à la complexité croissante de la matière que déploraient même les spécialistes[1], au point de voir dans le Code général des impôts un « Elephant Man *juridique* »[2], et, d'autre part, au caractère excessif des prélèvements obligatoires[3].

Sur le plan de la complexité du système fiscal, V. Bied-Charreton, qui a été directrice de la Législation fiscale, soutient que « *la fiscalité est devenue un bateau ivre* », rappelant que chaque année entre 2006 et 2016, « *le Parlement [a adopté] plus de 200 dispositions fiscales qui modifient plus de 800 articles du Code général des impôts (CGI) soit un sixième du Code* »[4]. En l'espace de ces dix années, 305 lois, 110 ordonnances et 1 200 textes réglementaires sont intervenus pour modifier la loi fiscale, donnant lieu à la création de 1 337 articles du

1. Voir V. Bied-Charreton, « Le foisonnement fiscal, une maladie française », *Études*, décembre 2017, n° 12, pp. 47-58.

2. M. Taly, « Le Code général des impôts. Un elephant man juridique », *Pouvoirs*, 2014/4, n°151, pp. 87-97, p. 87 : « Lorsque j'ai été sollicité pour écrire un article sur le thème "Le code général des impôts, *Elephant Man* juridique", ma première réaction a été de trouver la comparaison désobligeante pour le pauvre Joseph Merrick. Car, comme le montre David Lynch dans le film de 1980 inspiré par son histoire, cet homme a souffert toute sa (courte) vie de ne susciter que curiosité malsaine et répulsion, alors que la monstruosité de l'apparence cachait un être humain qui aurait voulu et pu avoir une vie normale. Avec le code général des impôts, rien de tel : il est monstrueux en apparence, mais aussi en réalité ! »

3. P. Salin, « Contre l'impôt. Ou de quelques raisons de diminuer la fiscalité », *Pouvoirs*, 2014/4, n°151, pp. 47-56.

4. V. Bied-Charreton, *op. cit.*, p. 47-48.

CGI, à l'abrogation de 647 dispositions et à la modification de 8 336 articles du CGI[1]. Ces changements ne constituent pas des modifications marginales sur des dispositifs mineurs mais portent sur des normes fiscales essentielles : parmi les 17 articles du CGI modifiés tous les ans entre 2010 et 2016, on trouve l'article sur la taxation des plus-values mobilières des particuliers et celui sur la TVA immobilière[2].

Sur le plan du rapport à l'impôt, ce foisonnement fiscal se double d'une perte de sens de l'impôt[3], dont les liens avec la légitimité démocratique s'étiolent. L'association entre impôt et démocratie se fonde sur le récit de la conquête progressive par le Parlement du pouvoir fiscal, qu'un auteur qualifie de « *légende dorée de la fiscalité* »[4]. La légitimité démocratique de l'impôt est en effet une construction historique fragile, qui dérive d'une interprétation particulière de l'article 14 DDHC, dans laquelle le contribuable fait du paiement de l'impôt la conséquence de son appartenance à la nation. Or, l'instabilité structurelle du système fiscal et sa fragmentation entre les impôts nationaux, locaux et les taxes affectées, avec un niveau de prélèvements obligatoires qui représente 46 % du PIB dès 2014[5], conduit à un « *Nouveau Moyen-Age fiscal* »[6], qui fait passer au second plan la conception de l'impôt comme outil au service de la solidarité nationale, dans un contexte où le cadre de l'activité économique taxable est de plus en plus international. Une conception de l'impôt issue du libéralisme du XIXe siècle, l'impôt-échange (ou impôt-prix), selon laquelle l'impôt est la contrepartie des services publics, tend

1. V. Bied-Charreton. *op. cit*, p. 48.
2. *Ibid.*
3. C'est notamment la thèse de M. Bouvier dans M. Bouvier, « Sens et légitimité de l'impôt », *Pouvoirs*, 2014/4, n°151, pp. 27-34.
4. E. de Crouy-Chanel évoque une « *légende dorée de la fiscalité* » dans E. de Crouy-Chanel, » Le consentement à l'impôt », *Pouvoirs*, 2014/4, n°151, pp. 5-14.
5. M. Bouvier, *op. cit.*, p. 28.
6. M. Bouvier, *op. cit.*, p. 29.

à s'imposer à nouveau, pour faire du contribuable un client du service public, dont la contribution est le prix du service rendu par les administrations : « *L'impôt-prix supplante la logique de l'impôt-solidarité* »[1]. Si le poids des prélèvements obligatoires n'a pas donné lieu à des révoltes fiscales[2], l'excessive complexité du système fiscal associée à l'affaiblissement de la conception solidariste de l'impôt, qui fait écho à un sentiment d'inégalité devant l'impôt dans le corps social[3], constituent de puissants moteurs susceptibles d'alimenter le contentieux fiscal constitutionnel, dont l'ouverture par la QPC avait suscité de grandes espérances.

Plus de dix ans après son introduction, le bilan de ce dispositif de contrôle *a posteriori* a pu décevoir les praticiens[4] et les contribuables[5].

---

1. M. Bouvier, *op. cit.*, p. 33.
2. Voir N. Delalande, « Le retour des révoltes fiscales ? », *Pouvoirs*, 2014/4, n°151, pp. 15-25.
3. Les études sociologiques montrent que la perception qu'a le contribuable de l'impôt varie beaucoup en fonction de la disponibilité du service des impôts de son lieu d'habitation : dans les quartiers aisés, les agents des impôts proposent un véritable service de conseil tandis que la rotation du personnel dans les quartiers moins favorisés implique un lien très impersonnel selon A. Spire, « Les formes élémentaires de l'inégalité devant l'impôt », *Pouvoirs*, 2014/4, n°151, pp. 117-128.
4. A-L. Cassard-Vallembois, R. Vabres (dir.) « QPC et droit fiscal. Les apports croisés du droit fiscal et de la QPC », *Titre VII* [En ligne], Hors-Série « Dix ans de QPC », octobre 2020.
5. Comme le remarque M. Pelletier dès 2022 : « *L'année 2021 se caractérise par le nombre particulièrement faible de décisions rendues en matière fiscale dans le cadre du contrôle* a posteriori. *Seulement sept QPC intéressant la matière sont intervenues durant la dernière année. Ce constat tend à confirmer le désintérêt des contribuables pour la voie constitutionnelle qui tient, en grande partie, aux faibles opportunités que leur offre la jurisprudence actuelle du Conseil constitutionnel* ». in M. Pelletier, « Droit constitutionnel fiscal : chronique de l'année 2021 », *Revue de droit fiscal*, 25 mars 2022, n°12, 153.

Au plan quantitatif, comme le remarquait un bilan de la première décennie de QPC, si le contentieux fiscal constitutionnel représentait 22 % des QPC et avait donné lieu à 158 QPC examinées entre le 1er mars 2010 et le 31 décembre 2019, seules 30 décisions de non-conformité de la loi fiscale à la Constitution ont été prononcées [1].

Au plan formel, alors que les enjeux de fiscalité ont un caractère extrêmement concret, qui exigerait un effort de motivation soutenu, les décisions de contrôle *a posteriori* n'ont pas été l'occasion pour le juge constitutionnel de s'écarter d'une rédaction fondée sur l'économie de moyens comme le regrette un praticien : « *le mécanisme de la question prioritaire de constitutionnalité qui est en théorie incompatible avec la tendance à l'économie de moyens et d'arguments n'a pas provoqué chez le juge constitutionnel un choc, une rupture et donc une nouvelle manière de rendre les décisions de justice* »[2] . Le contraste de motivation entre des décisions essentielles pour la vie économique, concernant des acteurs privés, notamment en fiscalité des entreprises ou des dirigeants (par exemple en ce qui concerne les modalités de l'imposition de plus-values en cas de crédit vendeur[3] ou les mécanismes de report et de sursis d'imposition) et celles concernant les personnes publiques comme les collectivités territoriales, qui ont une incidence en matière de finances publiques (par exemple la question de la répartition de la compensation de la taxe d'habitation entre collectivités[4]) est marquant : dans

1. A-L. Cassard-Vallembois, R. Vabres (dir.) « QPC et droit fiscal. Les apports croisés du droit fiscal et de la QPC », *Titre VII* [En ligne], Hors-Série « Dix ans de QPC », octobre 2020.
2. F. de Paul Tetang, « A propos de la qualité des décisions du Conseil constitutionnel. (Réflexions à la lumière de la jurisprudence récente), *Revue française de droit constitutionnel*, 2016/4, n°108, pp. e3-e31 (version en ligne).
3. Cons. const., 14 janvier 2022, 2021-962 QPC, *Époux B.*
4. Cons. const., 17 mars 2022, 2022-982 QPC, *Commune de la Trinité* et Cons. Const., 14 octobre 2022, 2022-1013 QPC.

le premier cas, le grief tiré de l'atteinte à l'égalité devant les charges publiques est évacué dans un paragraphe tandis que, dans le second, la mécanique du calcul de la compensation suite à la suppression de la taxe d'habitation est finement analysé par le Conseil avant de présenter une solution qui censure le dispositif en cause.

L'objet de cet ouvrage est d'éclairer le décalage entre les attentes initiales soulevées par l'introduction d'un contrôle direct, *a posteriori*, de la constitutionnalité de la loi fiscale, et la position très mesurée du Conseil constitutionnel, qui rechigne à censurer le législateur, même dans des cas où ses textes heurtent les principes constitutionnels fondamentaux comme la personnalité de la peine en droit pénal[1].

La thèse de l'ouvrage s'articule à deux niveaux.

En première analyse, le décalage s'explique par la conception restrictive que le juge constitutionnel a de son rôle et de la manière dont il le décline en matière fiscale depuis l'introduction de la QPC. Alors que la QPC aurait pu permettre au Conseil de rationaliser une matière fiscale foisonnante et d'orienter le pouvoir législatif vers un plus grand respect des droits du contribuable, le juge constitutionnel a refusé de saisir l'occasion que représentait la QPC pour redéfinir son rôle : il continue à se limiter à un contrôle de l'erreur manifeste d'appréciation du législateur, rappelant à l'envi qu'il ne dispose pas de la même marge d'appréciation que lui[2], avec d'autant plus de prudence qu'une censure du Conseil est un sujet sensible non seulement au plan politique mais également au plan administratif. Comme l'écrit un ancien Directeur de la Législation Fiscale, M. Taly : « *Souvent, les fonctionnaires ressentent les annulations du Conseil constitutionnel comme arbitraires et imprévisibles. Comme toute*

1. Cons. const., 4 mai 2012, 2012-239 QPC, *Dame Altmann*.
2. Voir par exemple : Cons. const., 17 septembre 2010, 2010-28 QPC, *Association Sportive FC Metz*.

*jurisprudence, celle du Conseil constitutionnel se fait par avancées et inflexions, pas toujours prévisibles, mais force est de reconnaître qu'il sanctionne des incohérences et, en défendant les droits fondamentaux du citoyen, il est indirectement le gardien de la cohérence de la politique fiscale* »[1]. En ce sens, la jurisprudence du Conseil constitutionnel est animée par une ligne directrice : sanctionner les mesures incohérentes et arbitraires du législateur. S'exposant à la critique de « confisquer » l'impôt à la représentation nationale[2], la jurisprudence constitutionnelle se donne pour objectif de reconstruire le débat parlementaire de fond quand celui-ci a fait l'économie d'une discussion progressive et rationnelle. Le Conseil constitutionnel ne se départit donc pas de son rôle de censeur de la loi, qu'il remplit déjà dans le cadre du contrôle *a priori*, mais le transpose simplement au contrôle *a posteriori*, avec toutes les conséquences que cela implique en termes de protection des droits du contribuable[3]. Il résulte en particulier une forte retenue juridictionnelle, qui conduit parfois le Conseil à ne pas vouloir reconnaître un « *changement de circonstances* » dans les évolutions de sa propre jurisprudence afin de ne pas réexaminer des dispositions déclarées constitutionnelles [4].

---

1. M. Taly, *Les Coulisses de la politique fiscale*, PUF, 2016, p. 38.
2. C'est notamment la thèse de M. Collet dans *L'impôt confisqué*, Odile Jacob, 2014.
3. Il est d'ailleurs significatif que l'administration considère parfois le Conseil constitutionnel comme un conseil de l'exécutif au même titre que le Conseil d'État, dont le rôle consultatif pour les projets de loi est connu. En témoigne un rapport de l'Inspection générale des Finances (IGF) sur la contribution additionnelle de 3 % rendu en 2017 : « *En interne, a minima, le Gouvernement pourrait plus souvent demander au Conseil constitutionnel avant sa publication la validation explicite de telle ou telle disposition législative.* » (nous soulignons).
4. Voir à cet égard Cons. const., 1er juillet 2022, 2022-1001 QPC, *Société Lorraine* et le commentaire de M. Pelletier sur le caractère difficilement lisible de la jurisprudence constitutionnelle in M. Pelletier, « Droit constitutionnel fiscal : chronique de l'année 2022 », *Revue de droit fiscal*, 3 avril 2023, n°13, 135, §13: « *Ne se bornant pas à une simple paraphrase, le com-*

Cette perspective, étonnante au premier abord, vient de ce que, à un deuxième niveau, les décisions du Conseil constitutionnel révèlent de manière particulièrement éclairante les rapports entre droit et politique dans la sphère institutionnelle française, où le juridique est souvent relégué à une discipline technique, subordonnée dans une certaine mesure au politique, qui est la véritable sphère de règlement des litiges[1]. Dans cette mesure, le Conseil constitutionnel se

---

*mentaire accompagnant la décision Lorraine Services apporte des précisions sur la solution retenue sans pour autant la rendre plus compréhensible ni clarifier l'articulation des différentes décisions intervenues depuis une dizaine d'années. Pire, il semble même revendiquer l'absence de véritable ligne directrice lorsqu'il indique que "les critères à l'aune desquels le Conseil s'assure du respect de ce principe sont en effet les mêmes que ceux qu'il appliquait déjà au moment de cette décision [de 2012]. À cet égard, le seul fait que, en fonction des dispositions soumises à son appréciation, le Conseil insiste plus spécialement sur l'un de ces critères pour motiver sa décision n'est pas de nature à caractériser, en soi, une évolution substantielle de son contrôle" (comm. p. 17). Il est toutefois curieux que le même commentaire, dans son exposé des décisions antérieures, affirme quelques pages plus tôt que "le Conseil constitutionnel a développé, depuis 2012, une jurisprudence spécifique sur les peines dont le quantum résulte de l'application d'un taux à une assiette, notamment en matière fiscale" (comm. p. 11). Si une branche jurisprudentielle spécifique se développe dans un domaine particulier tout en retenant les mêmes critères que la branche principale mais dont la mise en oeuvre fait l'objet d'une analyse plus fine ou plus exigeante, ne doit-on pas en conclure qu'il y a une évolution jurisprudentielle ? Si tel n'est pas le cas, pourquoi évoquer alors l'existence d'une "jurisprudence spécifique" ? »*

1. L. Cohen-Tanugi identifiait ainsi en 1985, bien avant l'introduction de la QPC, la difficulté du contrôle de constitutionnalité en France, la loi étant identifié au politique, qui prévaut sur le juridique, matière technique qui en est artificiellement détachée : « *Tandis que le juridique n'est pas pris au sérieux dans la sphère politique, le politique est de même évacué de l'enseignement et de la pratique du droit. On retrouve ici le problème qui limite le contrôle de constitutionnalité : la mise en question juridique du politique étant largement impraticable, le juridique tend à devenir un milieu vivant en vase clos, quelque peu ésotérique, souvent en marge des conflits agitant le pays* ». in *Le droit sans l'État*, Presses Universitaires de France, 2007 [1985], p. 112.

rapproche fortement de la juridiction administrative française qui a historiquement vocation à rationaliser l'action générale de l'administration plus qu'à faire prévaloir les droits particuliers de requérants individuels face à l'État[1].

Pour illustrer cette dynamique, le présent ouvrage se consacrera à l'analyse des près de 200 décisions[2] rendues en matière fiscale au sens large (incluant les cotisations sociales) par le Conseil sur QPC, en se référant, lorsque cela sera nécessaire, aux solutions dégagées dans le cadre du contrôle *a priori*.

Il décrira d'abord l'application par le Conseil constitutionnel des normes constitutionnelles générales à la matière fiscale (I), qu'il s'agisse de la garantie des droits ou des principes qui encadrent la loi pénale, avant de présenter la jurisprudence du Conseil sur le principe d'égalité, qui constitue le cœur du contentieux fiscal (II).

---

1. L. Cohen-Tanugi mettait en évidence, pour ce qui concerne le droit administratif, une technique que l'on retrouve en contentieux constitutionnel, l'identification d'un principe nouveau, à titre de mise en garde envers l'administration mais sans portée pour le requérant : « *il est assez fréquent, dans le cadre d'un litige particulier, que le juge administratif veuille adresser une mise en garde à l'Administration, sans toutefois lui infliger un démenti direct, qui risquerait de créer un précédent fâcheux, générateur de nouveaux litiges. Cet objectif sera souvent atteint par la formulation d'un principe nouveau, rendu inapplicable en l'espèce par quelque détail procédural ou excès de formalisme juridique* » (*Ibid.*, p. 151).
2. Au 31 décembre 2024.

# Partie 1

## L'application des garanties constitutionnelles générales à la matière fiscale

*La matière fiscale est un champ fécond pour l'application des normes constitutionnelles générales, qui y trouve un écho particulier.*

*Si les garanties de nature procédurale ont été renforcées par l'introduction de la QPC, elles restent limitées (Chapitre 1), l'encadrement des sanctions fiscales demeure perfectible (Chapitre 2) tandis que l'application des dispositions du bloc de constitutionnalité propres à la liberté individuelle (art. 4 DDHC) ou à la protection de la propriété (art. 2 et 17 DDHC) reste exceptionnelle (Chapitre 3).*

# 1

# Des garanties procédurales limitées

Alors que la QPC semblait devoir renforcer les garanties du contribuable face à l'empiètement du pouvoir réglementaire dans la matière fiscale, qui relève normalement de la loi, et asseoir l'autorité des décisions du Conseil constitutionnel, la position mesurée du Conseil ne permet pas au contrôle de constitutionnalité de déployer tous ses effets. L'abandon de compétence du législateur au profit du pouvoir réglementaire en matière fiscale n'est que très rarement sanctionné puisque le Conseil ne sanctionne que les erreurs les plus grossières (Section 1). Quant à l'application du droit dans le temps, qu'il s'agisse des effets rétroactifs d'une loi fiscale ou de l'effectivité des décisions du Conseil constitutionnel, l'interprétation du Conseil constitutionnel limite en pratique les garanties du contribuable (Section 2).

## Section 1. Le contrôle restreint des règles de compétence législative en matière fiscale

En raison du caractère restreint du contrôle du juge constitutionnel, il est en principe impossible d'arguer de l'incompétence négative du législateur en QPC (1) sauf cas exceptionnels où cette incompétence met en jeu les libertés constitutionnellement garanties (2).

### 1. L'impossibilité de principe d'invoquer les règles de compétence en matière de contentieux QPC pour l'assiette et le taux d'imposition

L'organisation des pouvoirs publics français fait une nette distinction entre le domaine de la loi et le pouvoir réglementaire. La Constitution de 1958, qui introduit cette démarcation entre le ressort de la loi et du règlement, portait une vision limitative de la compétence du législateur, dont le Conseil constitutionnel devait s'assurer qu'il n'empiétait pas sur le domaine du pouvoir exécutif. Aux termes de l'article 34 de la Constitution qui délimite le domaine de la loi, « *la loi fixe les règles concernant [...] l'assiette, le taux et les modalités de recouvrement des impositions de toute nature* ». Cette disposition se conjugue avec l'article 37 de la Constitution, qui précise que « *les matières autres que celles qui sont du domaine de la loi ont un caractère règlementaire* ». La compétence en matière de loi fiscale est donc du ressort du Parlement et l'administration n'a *a priori* pas de compétence en ce domaine.

Certes, l'influence de l'administration sur la loi fiscale est forte et ne cesse de croître : la technicité croissante de la matière fiscale ouvre le champ large à ses experts, qui ont dans les pays occidentaux un rôle essentiel dans la conception de la loi depuis les années 1960[1]. Dans le cas français, du fait du pouvoir d'initiative exclusif du gouvernement dans les lois de finances, qui contiennent depuis une circulaire de 2010 l'essentiel des mesures fiscales, le Parlement se borne souvent à voter des dispositions techniques préparées par l'administration[2].

1. A. Spire, « Les formes élémentaires de l'inégalité devant l'impôt », *Pouvoirs*, 2014/4, n°151, p. 120.
2. V. Dussart, « Le Parlement et l'impôt », *Pouvoirs*, 2014/4, n°151, p. 59.

Mais, si l'administration influence significativement la loi fiscale et si la compétence législative peut être déléguée au gouvernement par ordonnance, le pouvoir réglementaire ne peut pas, par lui-même, prendre de mesures qui interviendraient dans le domaine de la loi, hormis pour les mesures de mise en œuvre de ces règles[1]. Comme le Parlement seul peut voter des mesures relatives à l'assiette, au taux et aux modalités de recouvrement de l'impôt, le respect de la compétence législative est un point central du contrôle *a priori* du Conseil constitutionnel, qui ne contrôle plus tant l'empiètement du Parlement sur le domaine règlementaire que l'abandon de la compétence législative au pouvoir réglementaire, sur le fondement de l'incompétence négative. C'est notamment le cas par exemple lorsque la loi renvoie à un règlement pour la détermination d'un redevable[2] ou subordonne l'assujettissement à l'impôt à une décision de l'administration[3].

Comme les cas de censure de dispositions législatives pour incompétence négative sont fréquents dans le cadre du contrôle *a priori*, qui assure la séparation des pouvoirs en garantissant le plein exercice de la compétence du législateur, l'introduction de la QPC a soulevé une interrogation : un contribuable peut-il faire déclarer inconstitutionnelle une disposition au seul motif que le législateur a méconnu sa compétence ?

La première QPC fiscale – la décision *SNC Kimberley Clark*[4] – portait précisément sur ce point. Était en cause la

1. Voir B. Lignereux, *Précis de droit constitutionnel fiscal*, Lexis Nexis, 2020., p. 18. commentant Cons. const., 30 décembre 1995, 95-370 DC, *Loi autorisant le gouvernement à réformer la protection sociale.*
2. Voir B. Lignereux, *op. cit.*, p. 51 commentant Cons. const., 18 mars 2009, 2009-578 DC, *Loi de mobilisation pour le logement et la lutte contre l'exclusion.*
3. Voir B. Lignereux, *op. cit.*, p. 52 commentant Cons. const., 29 décembre 2016, 2016-744 DC, *Loi de finances pour 2017.*
4. Cons. const., 18 juin 2010, n° 2010-5-QPC, *SNC Kimberley Clark.*

déduction de la TVA, impôt dont d'autres règles essentielles ont été réglées par décret du fait de son caractère technique, en méconnaissance de la compétence du législateur[1]. Un contribuable qui avait omis de déduire de la TVA, s'était vu refuser le droit de réparer cette omission, au motif que le délai pour ce faire, qui va jusqu'au 31 décembre de la deuxième année suivant l'omission, était expiré. Or, cette règle avait été posée par un décret pris en Conseil d'État, auquel renvoyait l'article 273 CGI. La société requérante contestait donc la constitutionnalité de ce renvoi au décret en Conseil d'État, en invoquant l'article 14 DDHC sur le consentement à l'impôt, lié à l'article 17 DDHC sur le droit de propriété, pour affirmer que le texte législatif était entaché d'incompétence négative.

Le Conseil constitutionnel a admis la recevabilité de la demande mais a considéré que l'article 14 DDHC est mis en œuvre par l'article 34 de la Constitution : le Conseil confirme que le consentement à l'impôt s'exerce au niveau du Parlement et que l'article 14 DDHC institue un droit pour le parlementaire mais non pour le contribuable ordinaire[2]. Ainsi, la méconnaissance de la compétence du législateur ne porte par elle-même aucune atteinte à un droit ou liberté que la Constitution garantit et ce moyen n'est donc pas invocable en QPC, sauf si l'incompétence négative s'accompagne de la méconnaissance d'un droit ou une liberté que la Constitution garantit. Si la solution apparaît logique, sa forme surprend

1. V. Dussart, « Le Parlement et l'impôt », *Pouvoirs*, 2014/4, n°151, p. 61 : « *le décret 2007-566 du 16 avril 2007 a modifié les règles de déduction de la TVA de manière très importante en introduisant la technique du coefficient de déduction et une approche économique de l'affectation des biens et services déductibles. Or, ce mécanisme est fondamental dans le fonctionnement de la TVA. Il a pourtant échappé à la compétence du Parlement, même si techniquement ce dispositif affecte les modalités de liquidation de l'impôt !* ».
2. A. Barilari, « Le Conseil constitutionnel précise le domaine de compétence des QPC et confirme son interprétation de l'article 14 de la DDHC selon laquelle c'est le Parlement qui consent à l'impôt », *Constitutions*, 2010, p. 597.

puisque, si le droit en cause n'est pas invocable, un non-lieu à statuer aurait été plus pertinent[1]. En outre, le Conseil a rapidement écarté le moyen tiré de l'atteinte portée au droit de propriété par un simple décret, alors même qu'avec la limitation dans le temps de la déduction, « *on interdit au redevable de diminuer sa TVA collectée de celle déductible, donc on lui réclame une somme supplémentaire, dont il doit faire le sacrifice* »[2], ce qui implique qu'un droit constitutionnellement garanti était affecté par la méconnaissance de la compétence du législateur... On suppose que l'argument du Conseil tient au fait que toute imposition est intrinsèquement une atteinte au droit de propriété de sorte que l'atteinte au droit de propriété ne peut être inconstitutionnelle que dans de rares cas où l'imposition équivaudrait à une expropriation[3].

En tout état de cause, l'incompétence négative du législateur ne peut donc pas, en règle générale, être invoquée en QPC sur le fondement de l'article 14 DDHC. Les hypothèses de mise en cause des libertés par l'incompétence négative du législateur semblaient si rares qu'à la suite de la décision *SNC Kimberley Clark*, le Conseil d'État a refusé pendant plusieurs années de transmettre des QPC tirées de ce moyen[4].

1. L. Philipp in « Jurisprudence du Conseil constitutionnel. Août 2009-Juillet 2010 », *Revue française de droit constitutionnel*, 2010/4, n°84, p. 824.
2. C. de la Mardière « Première décision « QPC » du Conseil constitutionnel en matière fiscale », *Constitutions*, 2010, p. 419.
3. Voir la décision Cons. const., 16 janvier 1982, 81-132 DC, *Loi relative aux nationalisations*.
4. S. Austry, « Chronique de droit économique et fiscal », *Les Nouveaux Cahiers du Conseil constitutionnel*, 2013/3, n°40, pp. 213-225, p. 215.

## 2. Le contrôle exceptionnel de l'incompétence négative en cas de méconnaissance de droits ou libertés dans le cas des règles de recouvrement

À partir de 2013, avec une décision *SARL Majestic Champagne*[1], le Conseil a censuré pour la première fois une disposition législative dans un cas où la méconnaissance de la compétence du législateur avait effectivement porté atteinte à un droit ou une liberté constitutionnellement garantis.

Dans cette affaire était en cause la taxe additionnelle à la contribution sur la valeur ajoutée des entreprises (CVAE), prévue à l'article 1600 du CGI, issue de la scission de la taxe pour les frais de chambres de commerce en deux contributions additionnelles – l'autre contribution additionnelle créée s'ajoutait à la cotisation foncière des entreprises (CFE)[2]. Si la loi du 23 juillet 2010, qui introduisait ces taxes additionnelles, avait déterminé les modalités de recouvrement de la taxe additionnelle à la CFE, le législateur avait « oublié » de préciser les modalités de recouvrement de la taxe additionnelle à la CVAE ; l'omission du législateur n'a été réparée qu'à l'été 2012, par renvoi aux modalités de recouvrement de la CVAE.

La société requérante demandait donc la restitution de la contribution pour les années 2010 et 2011, au motif que l'incompétence négative du législateur portait atteinte à son droit de propriété garanti par les articles 2 et 17 DDHC. Elle mentionnait également l'intelligibilité de la loi en renvoyant pêle-mêle aux articles 4, 5, 6 et 16 DDHC. Le rapporteur public du Conseil d'État recommandait de ne pas transmettre la QPC, parce que les travaux parlementaires visaient expressément les modalités de recouvrement de la CVAE. Pourtant, le Conseil d'État ne l'a pas suivi : les travaux parlementaires ne peuvent servir que pour l'interprétation d'une loi obscure

1. Cons. const., 28 mars 2013, 2012-298 QPC, *SARL Majestic Champagne*.
2. La CVAE et la CFE forment ensemble la contribution économique territoriale (CET), laquelle a remplacé la taxe profesionnelle.

mais non pour suppléer une disposition inexistante, c'est-à-dire une loi muette[1]. À la suite de la saisine, le Conseil constitutionnel a décidé que l'omission par le législateur des modalités de recouvrement de l'impôt porte est contraire à la garantie des droits prévue par l'article 16 DDHC et a précisé dans le considérant 6 de sa décision que « *l'absence de détermination des modalités de recouvrement d'une imposition affecte le droit à un recours effectif garanti par l'article 16 de la Déclaration de 1789* », avant de conclure au considérant 7 « *qu'en omettant de définir les modalités de recouvrement de la taxe additionnelle à la contribution sur la valeur ajoutée des entreprises, le législateur a méconnu l'étendue de la compétence qu'il tient de l'article 34 de la Constitution* ». La conséquence en est que la taxe dans son ensemble est inconstitutionnelle.

Ce nouveau fondement semble aller dans la direction d'un renforcement des droits du contribuable : ce n'est que lorsque l'incompétence négative, en portant atteinte à la séparation des pouvoirs, prive le contribuable d'une garantie (dans la mesure où l'absence de détermination des modalités de recouvrement n'en prévoit aucune) qu'il peut invoquer ce moyen en QPC.

Il convient néanmoins de noter que, selon un auteur, cette censure avait pour fonction de discipliner le législateur, par une sanction sévère de l'erreur de plume : « *il suffisait au législateur de reprendre le texte relatif à l'ancienne taxe pour frais de chambres de commerce, sans omettre la formule rituelle prévoyant qu'une imposition accessoire est recouvrée, contrôlée et contestée, dans les mêmes conditions que l'imposition principale. Peut-être le Conseil a-t-il voulu manifester son mécontentement face à une erreur assez grossière, qui de plus n'a été réparée qu'au terme de deux ans* »[2].

---

1. C. de la Mardière, « Incompétence négative : une porte étroite ouverte sur la QPC », *Constitutions*, 2013, p. 431.
2. C. de la Mardière, « Incompétence négative : une porte étroite ouverte

Une décision *Société Boulanger*[1], rendue en 2013 à propos de la taxe locale sur la publicité extérieure (TLPE), a donc été nécessaire pour stabiliser la jurisprudence. Cette décision a confirmé que c'est l'absence de détermination précise des modalités de recouvrement d'un impôt par la loi (et non un simple oubli comme dans l'affaire *SARL Majestic Champagne*) qui rend un texte législatif non conforme à la Constitution et déclenche la censure du Conseil sur le fondement de l'incompétence négative. L'article L. 2233-14 du Code général des collectivités territoriales (CGCT) prévoyait en effet que « *le recouvrement de la taxe est opéré par les soins de l'administration de la commune ou de l'établissement public de coopération intercommunale* ». La loi faisait donc référence aux modalités de recouvrement, mais laissait le soin à l'administration communale ou intercommunale de déterminer les modalités de recouvrement de la taxe. Cette nonchalance législative a été sanctionnée par le Conseil constitutionnel, qui a repris, en l'adaptant à la TLPE, le même considérant que le considérant 7 de la décision *SARL Majestic Champagne*[2] pour déclarer le dispositif inconstitutionnel.

La méconnaissance des règles de compétence en matière de recouvrement de l'impôt est donc plus étroitement contrôlée et une disposition législative peut être reconnue inconstitutionnelle au titre de la méconnaissance de la garantie des droits prévue à l'article 16 DDHC, l'absence de procédure de recouvrement articulée par le législateur laissant une marge excessive à l'administration.

Malgré ces avancées, l'invocation de l'incompétence négative reste très encadrée puisque le Conseil s'autorise à suppléer par son interprétation des dispositions pour le moins impré-

sur la QPC », *Constitutions*, 2013, p. 432.

1. Cons. const., 25 octobre 2013, 2013-351 QPC, *Société Boulanger*.
2. Voir page précédente.

cises ou qui se limitent à renvoyer à la législation applicable sans viser de texte.

Une décision *Société Praxair SAS*[1] postérieure a ainsi déclaré conforme la contribution au service public de l'électricité malgré le caractère imprécis du texte sur la détermination du taux, qui se borne à prévoir que « *le montant des contributions mentionnées ci-dessus est calculé au prorata de la quantité d'électricité consommée* », en fixant un double plafond, pour la contribution globale et pour la cotisation par Kilowatt/heure[2]. Par ailleurs, aucune garantie spécifique n'était explicitement prévue pour le recouvrement et le contentieux de la contribution. La société requérante alléguait donc d'une méconnaissance de la compétence du législateur, pour n'avoir prévu ni les taux ni les modalités de recouvrement et de contentieux de cette imposition qui affecte le droit de propriété. Le Conseil constitutionnel a écarté ce moyen par une motivation fournie. Il a considéré que le renvoi soit à un « *prélèvement additionnel aux tarifs d'utilisation des réseaux* », soit aux « *tarifs réglementés de vente de l'électricité* » est suffisamment précis pour les modalités de calcul. Concernant les modalités de recouvrement et de contentieux, il a souligné que le texte prévoit que la contribution est recouvrée par la Commission de Régulation de l'Énergie (CRE) et qu'il résultait de la jurisprudence constante du Conseil d'État que le contentieux de la contribution au service public de l'électricité relevait de la juridiction administrative. Ainsi, malgré l'absence de dispositions explicites qui allaient au-delà de principes généraux de calcul du taux et le défaut de mention directe, en tant que telles, de modalités de recouvrement et de contentieux, le Conseil constitutionnel a déclaré le texte conforme. Il donne ainsi un indice supplémentaire sur l'issue

1. Cons. const., 8 octobre 2014, 2014-419, *Société Praxair SAS*.
2. Cons. const., 8 octobre 2014, 2014-419, *Société Praxair SAS*, cons. 2 : la contribution globale ne peut excéder 50 000 € et la contribution par Kilowatt/heure ne peut excéder 7 % du tarif réglementé.

du contentieux fondé sur l'incompétence négative : si un texte fourni ne précise pas directement les modalités de calcul et de recouvrement d'une imposition, son interprétation peut y suppléer pour assurer la conformité des dispositions législatives. Le Conseil constitutionnel a ainsi rappelé son rôle de censeur bienveillant du législateur.

Mais son effort d'interprétation, qui était susceptible de se justifier dans le cas d'espèce étant donné l'encadrement du taux par des plafonds indexés sur des quantités connues et une procédure de recouvrement confiée à des acteurs identifiés (la CRE), est néanmoins critiquable en ce qu'il conduit à vider de sa substance le grief d'incompétence négative.

Cette interprétation permet en outre au Conseil de ne pas traiter le grief tiré de l'atteinte au droit de propriété, qui, comme dans les décisions *SNC Kimberley Clark* et *SARL Majestic Champagne* est systématiquement écarté dans le contentieux de l'incompétence négative, alors même qu'historiquement, l'inscription du consentement à l'impôt dans la DDHC répondait à un souci de protection du droit de propriété contre l'arbitraire des assemblées élues[1].

Cette position contestable, selon laquelle le renvoi à d'autres normes en matière de recouvrement, mêmes réglementaires, suffit à écarter le grief d'incompétence négative, a ensuite été confirmée. Par un retour à une lecture stricte de *Kimberley Clark*[2], une décision de 2015[3] a énoncé que le

---

1. E. de Crouy-Chanel, » Le consentement à l'impôt », *Pouvoirs*, 2014/4, n°151, p. 13. Notons cependant que le Conseil constitutionnel a néanmoins admis de censurer les dispositions relatives au droit de suite en matière de taxe foncière (qui permettait à l'administration de prélever les revenus tirés d'un immeuble par son nouveau propriétaire pour apurer la dette fiscale de l'ancien propriétaire) sur le fondement de la protection du droit de propriété dans une décision de 2022 (Cons. const., 13 mai 2022, 2022-992 QPC).
2. S. Austry, « Chronique de droit économique et fiscal », *Les Nouveaux Cahiers du Conseil constitutionnel*, 2015/3, n°48, p. 221-230.
3. Cons. const., 29 janvier 2015, 2014-445 QPC, *Société Thyssenkrupp*

renvoi à un décret pour préciser les modalités de restitution d'une imposition était insusceptible d'être contesté en QPC sur le fondement de l'incompétence négative. Une décision de 2017, *Société Valéo systèmes de contrôle moteur*[1], a même considéré que, dans le cas où les dispositions législatives en cause se bornent à prévoir que des cotisations sociales en litige seront « *recouvrées selon les règles applicables en matière de sécurité sociale* », ce renvoi est suffisant pour écarter le grief d'incompétence négative[2] .

Une décision *Établissements Bocahut* de 2023[3] a confirmé la rigueur des solutions jurisprudentielles en matière de contrôle de l'incompétence négative, avec la réaffirmation d'une distinction selon que l'incompétence négative du législateur porte sur le taux ou l'assiette d'un impôt ou qu'elle porte sur les modalités de recouvrement. La société requérante soutenait que l'assiette de la composante sur les émissions polluantes de l'atmosphère de la taxe générale sur les activités polluantes (TGAP) reposait sur les « *poussières totales en suspension* », notion qui n'était pas définie, de sorte que le législateur semblait avoir péché par incompétence négative et méconnu le droit de propriété, le droit à un recours juridictionnel effectif et l'égalité devant les charges publiques. Le Conseil a néanmoins reformulé ce grief en pur grief d'incompétence négative portant sur l'assiette de l'imposition. Or, selon le Conseil, à la différence du recouvrement (pour lequel peut être invoqué la méconnaissance de l'article 16 DDHC), l'incompétence négative en matière d'assiette et de taux, sauf cas particulier, n'affecte en elle-même aucun autre droit ou

---

*Electrical Steel Ugo SAS.*

1. Cons. const., 3 octobre 2017, 2016-657 QPC, *Société Valéo systèmes de contrôle moteur.*
2. Cons. const., 3 octobre 2017, 2016-657 QPC, *Société Valéo systèmes de contrôle moteur*, cons. 8.
3. Cons. const., 13 avril 2023, 2023-1043 QPC, *Établissements Bocahut.*

aucune liberté que la Constitution garantit. Le Conseil a donc rejeté le moyen.

*In fine*, le contribuable ne peut donc que rarement bénéficier des garanties attachées à la séparation entre le domaine de la loi et le pouvoir réglementaire, qui restent principalement du ressort du contrôle *a priori*[1]. Les exigences qui pèsent sur la compétence du législateur y sont plus nombreuses, avec un contrôle de l'incompétence négative à travers l'intelligibilité de la loi : si la loi doit être claire, c'est pour éviter qu'elle ne soit interprétée par d'autres pouvoirs que le législateur[2]. En refusant de transposer cette exigence au contrôle *a posteriori*, le Conseil constitutionnel se prive donc d'un outil de rationalisation de la loi fiscale, qu'il organise malgré tout par la modulation dans le temps des dispositifs juridiques.

## Section 2. L'application du droit dans le temps : la limitation de la rétroactivité de la loi fiscale et la question de l'effectivité des décisions du Conseil

Si le Conseil constitutionnel ne fait pas fondamentalement varier les modalités de son contrôle depuis l'introduction de la QPC, il s'est emparé des possibilités de ce nouveau mode de saisine pour encadrer les effets temporels des dispositifs juridiques. Il a en effet encadré plus strictement le recours aux lois de validation (1) et s'efforce de rendre ses décisions immédiatement effectives pour le contribuable requérant (2).

1. P. Collin, « Le Conseil constitutionnel juge de l'impôt en 61 et 61-1 : différences et ressemblances », *Nouveaux Cahiers du Conseil* constitutionnel, 2011/3, n° 33, pp. 27-40.
2. E. de Crouy-Chanel, « Le Conseil constitutionnel mobilise-t-il d'autres principes constitutionnels que l'égalité en matière fiscale ? », *Nouveaux Cahiers du Conseil constitutionnel*, 2011/3, n° 33, pp. 15-26, p. 17.

### 1. Le renforcement du contrôle des lois de validation et des changements rétroactifs de la loi fiscale au nom de la sécurité juridique et de la protection des espérances légitimes

Un sujet récurrent d'inquiétude pour les contribuables réside dans la remise en cause des dispositions fiscales, parfois de manière rétroactive, qui peut prendre diverses formes.

La forme de la rétroactivité en matière fiscale sont les « lois de validations ». En les votant, le Parlement valide rétroactivement des impositions pourtant déclarées illégales – généralement sur le fondement de l'incompétence du pouvoir réglementaire – à la suite d'un contentieux fiscal défavorable, pour protéger les finances publiques face aux ardeurs d'autres contribuables quérulents.

Avant l'introduction de la QPC, dans la mesure où tant la loi de finances que la loi de validation sont votées par le Parlement, la protection du contribuable dépendait des équilibres politiques à l'Assemblée nationale et au Sénat, selon que les parlementaires étaient ou non désireux de saisir le Conseil dans le cadre de son contrôle *a priori*. Depuis l'introduction de la QPC, en revanche, tout contribuable qui s'estime injustement lésé par une loi de validation peut défendre ses droits directement, dans un contexte de renforcement progressif de la protection du contribuable face aux lois de validation depuis les années 1980[1].

Si le Conseil accepte en effet la possibilité de principe des lois fiscales rétroactives[2], il a imposé dès 1986 que cette rétroactivité obéisse à un motif d'intérêt général suffisant[3],

---

1. E. de Crouy-Chanel, « Le Conseil constitutionnel mobilise-t-il d'autres principes constitutionnels que l'égalité en matière fiscale ? », *Nouveaux Cahiers du Conseil constitutionnel,* 2011/4, n° 33, pp. 15-26, p. 19.
2. Cons. const., 30 décembre 1980, 80-126 DC, *Loi de finances pour 1981.*
3. Cons. const., 29 décembre 1986, 86-223 DC, *Loi de finances rectificative pour 1986.*

avant d'exclure en 1995 que le seul motif financier puisse constituer un tel motif[1]. Désormais, la loi de validation doit remplir cinq critères rappelés par la décision *Loi de financement de la Sécurité sociale pour 2007*[2] : poursuite d'un but d'intérêt général suffisant, respect de l'autorité de chose jugée des décisions de justice, non-rétroactivité des peines et des sanctions, absence de méconnaissance d'une règle à valeur constitutionnelle (sauf si le but d'intérêt général a valeur constitutionnelle) et définition stricte de la portée de la validation.

Cet encadrement étroit permet d'alimenter l'argumentation des contribuables en QPC, qui n'ont pas manqué de contester les lois de validation, avec peu de succès dans les premières années de la QPC.

Dès 2010, le contentieux de la contribution des jeux a donné lieu à la décision *Société Plombinoise du Casino*[3] , première QPC mettant en jeu une loi de validation. La contribution sur les jeux était issue de dispositions réglementaires datant de 1907, dont la jurisprudence du Conseil d'État avait fini par reconnaître le caractère d'imposition de toute nature en 2000, qui relève du législateur. Pour contrer cette jurisprudence qui risquait de permettre aux contribuables de contester le bien-fondé de l'imposition pour incompétence devant le juge administratif, le législateur a validé les prélèvements antérieurs par une loi de validation[4]. Après avoir rappelé les cinq conditions que doit remplir une loi de validation, le Conseil s'est intéressé au motif d'intérêt général avancé par le gouvernement. Il s'agissait, selon les termes du

1. Cons. const., 28 décembre 1995, 95-369 DC, *Loi de finances pour 1996.*
2. Cons. const., 14 décembre 2006, 2006-544 DC, *Loi de financement de la sécurité sociale pour 2007.*
3. Cons. const., 14 octobre 2010, 2010-53 QPC, *Société Plombinoise du Casino.*
4. A. Barilari, « La société Plombinoise de casino (QPC n° 2010-53 du 14 octobre) ou le « retour vers le futur » ! », *Constitutions*, 2011, p. 97.

Conseil, de « *prévenir un contentieux lié à la détermination de cette qualification* [NDLR : la détermination d'imposition de toute nature pour ces prélèvements] *et susceptible de créer une rupture d'égalité devant les charges publiques entre redevables du prélèvement sur les jeux.* ». Le motif financier était donc un motif prépondérant – la contribution rapportait 1,5 milliard d'euros à l'État chaque année. À titre subsidiaire était avancée la rupture d'égalité entre redevables, selon qu'ils avaient ou non contesté le bien-fondé de l'imposition. N'étant pas en mesure de déclarer conforme la loi de validation pour un seul motif financier, qui est considéré insuffisant, le Conseil a donc ajouté que le remboursement de la contribution à certaines sociétés de casino qui ont mené le contentieux aurait constitué un « *enrichissement injustifié* ». Le Conseil constitutionnel a donc démontré que, même en QPC, il restait très attentif aux intérêts financiers de l'État.

Les décisions suivantes sur les lois de validation ont aussi été marquées par une certaine réticence à les censurer. Dans la décision *Société Imnoma*[1], était en cause l'intangibilité du bilan d'ouverture[2], que la jurisprudence du Conseil d'État avait abandonnée mais qu'une loi de finances rectificative pour 2004 avait rétablie, en interdisant au contribuable de se prévaloir de la jurisprudence du Conseil d'État pour des impositions établies antérieurement à la loi de finances

1. Cons. const., 10 décembre 2010, 2010-78 QPC, *Société Imnoma.*

2. C. de la Mardière le présente ainsi: « *Lorsque l'administration fiscale corrige le bilan d'une entreprise au titre d'un exercice comptable, elle doit tenir compte de l'incidence de cette modification sur les bilans des autres exercices soumis au contrôle. C'est ce qu'on appelle la théorie des corrections symétriques, laquelle peut jouer financièrement au profit de l'administration ou du contribuable. Quand l'irrégularité en cause remonte à un exercice prescrit, ses effets sur les exercices suivants ont pour conséquence de relativiser la prescription, car une erreur en principe trop ancienne pour être corrigée peut conduire à un supplément d'impôt sur les bénéfices* » in C. de la Mardière, « La réticence du Conseil constitutionnel à sanctionner les validations législatives », *Constitutions*, 2011, p. 247.

rectificative pour 2004. Si le Conseil constitutionnel a censuré cette interdiction, il a découvert un fondement singulier, non reproduit dans ses décisions futures, celui de « *l'équilibre des droits des parties dans un procès* ». Or, les circonstances de l'affaire représentaient une occasion d'appliquer la jurisprudence sur les lois de validation, dans la mesure où les rapporteurs publics ayant transmis la question doutaient ouvertement du motif d'intérêt général suffisant de la loi[1]. Une autre décision, *Yannick Noah*[2], en matière de procédure fiscale était tout aussi contestable[3]. Le Conseil d'État avait jugé en 1996 qu'un contribuable résidant à l'étranger ne pouvait faire l'objet d'un contrôle fiscal. Pour neutraliser cette jurisprudence, l'administration fiscale avait obtenu une validation législative de ces contrôles fiscaux dans la loi de finances pour 1997. Alors que le requérant soutenait que cette modification procédurale portait atteinte à la garantie des droits, le Conseil constitutionnel a jugé que l'objectif de lutte contre la fraude, de valeur constitutionnelle, était un motif d'intérêt général suffisant pour justifier une modification rétroactive de la procédure fiscale.

Toutefois, dès 2013, plusieurs décisions ont contribué à accroître les garanties des contribuables face aux lois de validation.

Dans une décision *SA Assistance Sécurité et Gardiennage*[4], le juge constitutionnel a par exemple montré qu'il pouvait limiter dans le temps les effets d'une loi de validation. Il juge en effet que la loi en cause, qui portait sur la validation des modalités de recouvrement de la CVAE[5], ne peut disposer

1. *Ibid.*
2. Cons. const., 23 septembre 2011, 2011-166 QPC, *Yannick Noah.*
3. C. de la Mardière, « Validations législatives : le Conseil constitutionnel persiste », *Constitutions,* 2012, p. 122.
4. Cons. const., 21 juin 2013, 2013-327 QPC, *SA Assistance Sécurité et Gardiennage.*
5. Voir supra Section 1, 2.

que pour l'avenir, pour les contestations introduites à partir du moment où la loi a été publiée. En excluant que les contestations introduites antérieurement à la loi puissent être couvertes par la loi de validation, le Conseil a donc étendu la garantie des contribuables diligents qui pourront faire valoir leurs droits.

Ces garanties ont progressivement été étendues aux modifications des lois fiscales, tant dans les motifs exigés de la loi de validation que dans les intérêts qui peuvent être protégés par le Conseil.

Du côté des exigences auxquelles la loi de validation doit correspondre, elles évoluent formellement d'un « *motif d'intérêt général suffisant* » à un « *motif impérieux d'intérêt général* » à partir d'une décision de 2014[1], qui aligne la terminologie du Conseil sur celle de la Cour européenne des droits de l'Homme (CEDH). Du côté des intérêts protégés, une modification législative doit désormais préserver les « *effets légitimement attendus d'une situation* »[2].

La protection des attentes légitimes, qui ne se limite pas aux lois de validation mais s'étend aux modifications des dispositifs fiscaux, est le fruit d'un processus dont la QPC a accéléré la maturation.

Le Conseil constitutionnel considère par principe que l'interdiction constitutionnelle de la rétroactivité de la loi ne porte que sur la matière pénale.

Dans le domaine fiscal, la « petite rétroactivité » est donc admise, comme le rappellent deux décisions de 2012[3], à condition de respecter les situations légalement acquises. Ce mécanisme désigne le fait que la loi de finances intervient avant le fait générateur de l'impôt, fixé au 31 décembre, et

1. Cons. const., 14 février 2014, 2013-366 QPC, *SELARL PJA*.
2. Cons. const., 5 décembre 2014, 2014-435 QPC, *M. Jean-François V.*
3. Cons. const., 29 décembre 2012, 2012-661 DC, *Loi de finances rectificative pour 2012* et 2012-662 DC, *Loi de finances pour 2013*.

soumet donc un revenu réalisé dans l'année à de nouvelles règles, en remettant rétrospectivement en cause les règles antérieures dont le contribuable avait connaissance. Par nature, comme cette modification législative intervient antérieurement au fait générateur de l'impôt, elle ne peut porter atteinte aux situations légalement acquises. Le critère pertinent de constitutionnalité de la loi fiscale est donc moins sa rétroactivité que l'atteinte portée aux situations légalement acquises[1].

La modification de dispositifs législatifs contestés par QPC a été l'occasion pour le Conseil constitutionnel de renforcer les garanties du contribuable face à une loi fiscale changeante, en particulier dans les cas où une loi de finances ne se contente pas de changer les règles d'imposition de l'année en cours mais change les modalités d'un dispositif pluriannuel au cours de sa durée d'existence (par exemple l'abrogation d'un abattement pour durée de détention).

Plusieurs décisions ont donc été rendues en ce sens, au visa de l'article 16 DDHC, pour préciser la protection dont bénéficient les espérances légitimes. Prenant la suite d'une décision rendue en 2012 dans le cadre du contrôle *a priori* qui protégeait les « *effets légitimement attendus* » d'une situation acquise[2], la décision sur la contribution exceptionnelle sur les hauts revenus[3] est la première QPC à mettre en œuvre le principe. Dans cette décision, le Conseil apporte une réserve d'interprétation significative à une disposition introduite par la loi de finances pour 2012. Cette disposition prévoyait une contribution exceptionnelle « *à partir de l'imposition des revenus de l'année 2011* ». Elle ne privait pas le contribuable du caractère libératoire de l'impôt sur le revenu (puisqu'il s'agissait d'une contribution distincte) et n'était pas non plus

1. S. Austry, « Chronique de droit économique et fiscal », *Les Nouveaux Cahiers du Conseil constitutionnel*, 2013/3, n°40, p. 216.
2. Cons. const., 19 décembre 2013, 2013-682 DC, *Loi de financement de la sécurité sociale pour 2014.*
3. Cons. const., 5 décembre 2014, 2014-435 QPC, *M. Jean-François V.*

rétroactive puisqu'elle intervenait avant le fait générateur de l'impôt sur le revenu. Le Conseil a néanmoins jugé qu'elle ne pouvait s'appliquer aux revenus de 2011, dans la mesure où le prélèvement libératoire fait naître une attente légitime chez le contribuable que son revenu ne supportera pas d'autres prélèvements[1].

Inspirés par cette solution, d'autres contribuables tenteront de se fonder sur la protection des attentes légitimes pour contester la modification de dispositifs fiscaux dans les décisions *Crédit Agricole*[2] et *Société Icade*[3], toutes deux défavorables au contribuable.

Dans la première affaire était en cause la modification du régime des moins-values liées à la cession de titres dans les deux ans suivant un apport. La société requérante arguait que cette modification portait atteinte à son espérance légitime de bénéficier du régime antérieur, puisque l'apport et la cession étaient deux faces d'une même opération. Le Conseil constitutionnel a au contraire fait le choix de dissocier les deux opérations d'apport et de cession, de manière contestable. Cette dissociation, contraire à la position du législateur[4] – qui avait semblé admettre leur lien en réservant les effets de cette modification de la loi aux titres reçus en contrepartie d'apports postérieurement au 19 juillet 2012, date de publication de la loi[5] – lui permet de conclure que l'opération d'apport ne fait naître aucune espérance légitime sur le régime fiscal de la cession.

Dans la seconde affaire, le contribuable était une société d'investissement immobilière cotée (SIIC), qui avait opté

1. S. Austry, « Chronique de droit économique et fiscal », *Les Nouveaux Cahiers du Conseil constitutionnel*, 2015/2, n°47, p. 215-229.
2. Cons. const., 17 juillet 2015, 2015-475 QPC, *Société Crédit Agricole*.
3. Cons. const., 26 juin 2015, 2015-474 QPC, *Société Icade*.
4. M. Pelletier, « Droit constitutionnel fiscal : chronique de l'année 2015 », *Revue de droit fiscal*, 10 mars 2016, n°10, comm. 208.
5. M. Pelletier, « Droit constitutionnel fiscal : chronique de l'année 2015 », *Revue de droit fiscal*, 10 mars 2016, n°10, comm. 208.

de manière irrévocable pour un régime de faveur (exonération d'un certain nombre de produits). Après que la société a choisi d'exercer cette option, la loi de finances rectificative pour 2006 a institué un régime de taxation des plus-values latentes, qui ne frappait que les plus-values réalisées postérieurement à l'exercice de l'option. La société arguait donc d'une méconnaissance de ses espérances légitimes du fait de l'introduction de dispositifs fiscaux défavorables postérieurs à l'option pour un régime se présentant comme favorable. Le Conseil constitutionnel écarte ce moyen, considérant que l'exercice de l'option ne pouvait créer l'espérance légitime de bénéficier d'un régime d'imposition des plus-values inchangé. Le commentaire officiel indique que le législateur « a *voulu un régime favorable mais n'a pas estimé nécessaire que celui-ci comporte une même garantie de prévisibilité ab initio* ». In fine, dans ces deux affaires, le Conseil rapproche les aléas liés à des régimes spécifiques d'imposition, dont les contribuables contestent l'aménagement, de la situation générale des contribuables, qui subissent la « petite rétroactivité » de la loi fiscale, et refuse de les protéger plus fortement[1].

La protection des espérances légitimes par le Conseil constitutionnel, même si elle est affirmée dans ses considérants, ne donne finalement lieu qu'à un encadrement très limité en matière fiscale, comme le montre l'orientation générale de la jurisprudence postérieure à 2016.

Deux décisions relatives à la réforme de l'imposition des plus-values de 2013[2] permettent au Conseil d'affirmer que l'imposition à un certain taux d'une cession de titre ne peut faire naître l'espérance légitime que le complément de prix aura le même régime et que le report d'imposition implique l'acceptation par le contribuable d'une imposition au taux en vigueur l'année de sortie du report. L'argument du Conseil

1. *Ibid.*
2. Les décisions Cons. const., 14 janvier 2016, 2015-515 QPC et Cons. const., 22 avril 2016, 2016-538 QPC.

se fonde essentiellement sur l'idée que, puisque le placement d'une plus-value en report d'imposition relève d'un choix optionnel, le contribuable accepte le risque que ce régime change et ne se voit pas forcé d'être soumis à une imposition inattendue puisqu'il s'écarte du régime du droit commun. Cette analyse ne manque pas de susciter la perplexité des praticiens, qui y voient une méconnaissance de la nature des opérations de restructuration[1].

Une troisième décision rendue en 2016[2], qui portait sur le rapport des donations antérieures, est encore plus sévère. Tout en considérant que le régime des donations passées ne peut fonder d'espérances légitimes sur le régime des donations futures, le Conseil décide même que l'absence de situation légalement acquise dispense le législateur de prévoir un régime transitoire[3].

Ce n'est que lorsque la loi revêt un caractère interprétatif que le Conseil exerce un contrôle plus sévère. C'est ainsi que le Conseil a déclaré non-conforme une loi interprétative qui précisait que la date d'entrée en vigueur de la réforme du report en arrière des déficits (limitation des montants et imputation du bénéficie restreinte à l'exercice précédent) introduite en 2011 s'appliquait aux déficits de 2010[4].

Saisi à propos d'une autre disposition interprétative en matière de déficit reportable qui précisait que la majoration d'un déficit reportable s'appliquait à la société à laquelle l'abandon de créances était accordé et non à la société octroyant cet abandon, le Conseil a cette fois jugé qu'il n'y avait pas de contrariété avec l'article 16 DDHC[5] alors même que

1. M. Pelletier, « Droit constitutionnel fiscal : chronique de l'année 2016 », *Revue de droit fiscal*, 23 mars 2017, n°12, comm. 209.
2. *Ibid.*
3. *Ibid.*
4. Cons. const., 17 janvier 2017, 2016-604 QPC.
5. Cons. const., 13 avril 2018, 2018-699 QPC, *Société Technicolor*.

cette interprétation ajoute une condition au texte initial, qui ne précisait pas quelle société bénéficiait de cette majoration[1].

La jurisprudence relative à la protection des espérances légitimes a été encore confirmée par la décision *Sébastien M.*[2], à propos de la suppression de l'abattement pour durée de détention, qui intervient avant même que la durée de détention pour en bénéficier ne soit acquise. Si elle renouvelle le considérant de principe[3], la décision confirme que cette suppression ne crée aucune espérance légitime puisqu'aucune situation n'est légalement acquise par la conservation des titres pour une durée inférieure à celle permettant l'abattement.

La jurisprudence du Conseil constitutionnel a donc pu décevoir les légitimes espérances des contribuables, bien que le Conseil s'efforce de rendre ses décisions plus effectives.

## 2. L'effectivité accrue des décisions du Conseil

Le Conseil constitutionnel dispose de deux outils pour protéger les garanties constitutionnelles à travers ses décisions : la déclaration de non-conformité et les réserves d'interprétation (ou, ce qui revient au même, la décision de conformité avec interprétation neutralisante). Ces modes

1. M. Pelletier, « Droit constitutionnel fiscal : chronique de l'année 2018 », *Revue de droit fiscal*, 28 mars 2019, n°13, comm. 213.
2. Cons. const. 15 novembre 2019, 2019-812 QPC, *Sébastien M.*
3. Cons. const. 15 novembre 2019, 2019-812 QPC, *Sébastien M.*, cons. 5 : *« il est à tout moment loisible au législateur, statuant dans le domaine de sa compétence, de modifier des textes antérieurs ou d'abroger ceux-ci en leur substituant, le cas échéant, d'autres dispositions. Ce faisant, il ne saurait toutefois priver de garanties légales des exigences constitutionnelles. En particulier, il ne saurait, sans motif d'intérêt général suffisant, ni porter atteinte aux situations légalement acquises ni remettre en cause les effets qui pouvaient légitimement être attendus de situations nées sous l'empire de textes antérieurs »*.

d'expression du juge constitutionnel diffèrent par les effets qu'ils produisent dans le temps[1].

La déclaration d'inconstitutionnalité abroge les dispositions en cause pour l'avenir et le juge constitutionnel dispose du pouvoir de différer cette abrogation. Pour éviter le contentieux, il précise en général que le bénéfice de la déclaration d'inconstitutionnalité ne peut être invoqué que pour « *les instances en cours* » à la date de la décision[2].

Il est donc concevable que des dispositions déclarées inconstitutionnelles pour l'avenir mais dont l'abrogation a été différée à une date postérieure à la décision, continuent à s'appliquer, et que l'administration procède à un redressement fondé sur des dispositions abrogées parce que le fait générateur est antérieur à la déclaration d'inconstitutionnalité. Dans ce cas, le contribuable se verrait appliquer des dispositions inconstitutionnelles[3].

Au contraire, en vertu de la « doctrine du droit vivant », la réserve d'interprétation applique à toutes les situations juridiques depuis l'introduction du texte interprété. Par cette fiction, la jurisprudence donne à la loi son sens authentique, qui est réputé inchangé depuis son introduction. Parce que la réserve d'interprétation a un caractère rétroactif, elle peut être plus favorable au contribuable que l'abrogation.

C'est à travers ces deux modalités que le Conseil constitutionnel s'efforce de donner de moduler l'effectivité de ses

1. Les développements qui suivent s'inspirent de l'étude de S. Austry, « QPC fiscale et effets de la décision dans le temps », *Les Nouveaux Cahiers du Conseil constitutionnel*, 2011/4, n° 33, p. 69-84.
2. La notion d'instance en cours fait l'objet d'interrogations dans l'article précité de S. Austry. L'auteur considère qu'en matière fiscale, elle ne se limite pas à l'instance juridictionnelle mais inclut la réclamation contentieuse. Selon la situation, le Conseil constitutionnel sera amené à préciser la formule.
3. Cette situation est très sérieusement examinée par S. Austry, dans « QPC fiscale et effets de la décision dans le temps », *Les Nouveaux Cahiers du Conseil constitutionnel*, 2011/4, n° 33, p. 69-84, p. 75 s.

décisions QPC, pour qu'elles produisent leurs effets dans un sens qui concilie la protection des contribuables avec l'intérêt financier de l'État.

Concernant l'abrogation de dispositions inconstitutionnelles, le Conseil a précisé sa jurisprudence dès 2013.

Dans la décision *SARL Majestic Champagne*[1], il a énoncé que l'inconstitutionnalité « *ne peut être invoquée qu'à l'encontre des impositions contestées avant le 11 juillet 2012* [date de la loi qui corrige l'oubli des modalités de recouvrement de la CVAE] ». La décision *Société Boulanger*[2] a confirmé la formulation : la déclaration d'inconstitutionnalité ne peut être invoquée qu'à l'encontre des « *impositions contestées* » avant la date de publication du Conseil. Par ces deux décisions, le Conseil a donc utilement pris en compte la spécificité de la matière fiscale, où un recours préalable devant l'administration est nécessaire selon l'article L. 190 du LPF, pour préciser que « l'instance en cours » au sens fiscal ne se limite pas à la saisine du juge. Il a étendu le spectre des contribuables qui peuvent bénéficier de la déclaration d'inconstitutionnalité par rapport à une interprétation restrictive, dans laquelle l'instance serait uniquement juridictionnelle, même si des décisions ultérieures font à nouveau référence aux « *instances en cours* »[3].

L'attention accordée par le Conseil à l'effectivité de ses décisions est marquée de façon encore plus forte lorsqu'il diffère l'abrogation des dispositions jugées inconstitutionnelles.

1. Voir Section 1.2.
2. Voir Section 1.2.
3. Voir S. Austry, « Chronique de droit économique et fiscal », *Les Nouveaux Cahiers du Conseil constitutionnel*, 2016/3, n°52, p. 145 à propos de la jurisprudence *Metro Holding* ; S. Austry, « Chronique de droit économique et fiscal », *Les Nouveaux Cahiers du Conseil constitutionnel*, 2016/4, n°53, p. 173 à propos de la QPC du 10 mai 2016, *Eve G.*

Cette attention est guidée par la volonté d'assurer l'effectivité de la décision, comme l'affirme le Conseil dans une décision *Société Orange SA* [1] : alors qu'il abroge un avantage fiscal contraire au principe d'égalité, il décide, pour « *préserver l'effet utile de sa décision* », qui était d'assurer l'égalité entre contribuables, d'étendre provisoirement l'avantage aux catégories de contribuables qui en étaient exclus, charge au législateur de modifier le dispositif en cause. Ce souhait d'égalité peut le conduire, a contrario, à ne pas tirer de conséquences pour le passé d'une abrogation différée, parce qu'elle pourrait élargir le champ d'application d'un impôt : dans une décision *Société Red Bull on Premise*[2] , le Conseil reporte l'abrogation d'une disposition relative à une taxe sur les boissons énergisantes mais sans tirer les conséquences de l'abrogation pour le passé car elle aboutirait à élargir le champ d'application de la taxe à des contribuables qui en étaient exclus.

Le Conseil peut même inviter les juridictions saisies à surseoir à statuer dans l'attente d'une modification des dispositions : dans la décision *Société PV-CP Distribution*[3] , qui déclare inconstitutionnelles les modalités de calcul de la CFE dans le cadre d'une transmission universelle de patrimoine (TUP), le Conseil diffère l'abrogation des dispositions en cause au 1er janvier 2015 et précise qu'il « *appartient aux administrations et aux juridictions saisies de surseoir à statuer jusqu'à l'entrée en vigueur de la nouvelle loi ou, au plus tard, jusqu'au 1er janvier 2015 dans les procédures en cours ou à venir dont l'issue dépend de l'application des dispositions déclarées inconstitutionnelles* ».

1. Cons. const., 6 juin 2014, 2014-400 QPC, *Société Orange SA*.
2. Cons. const., 19 septembre 2014, 2014-417 QPC, *Société Red Bull On Premise*.
3. Cons. const., 19 septembre 2014, 2014-413 QPC, *Société PV-CP Distribution*.

Même si cette injonction témoigne du renforcement de légitimité du Conseil comme instance juridictionnelle via la QPC, l'effectivité des décisions du Conseil reste liée au rôle des juridictions du filtre.

Dès l'introduction de la QPC, les juridictions suprêmes des ordres judiciaires et administratifs s'accordaient à considérer que le Conseil constitutionnel n'avait pas le monopole de l'interprétation de la Constitution, même s'il se considère comme « *l'interprète premier de la Constitution* » selon le mot de son secrétaire général, Marc Guillaume[1].

Du côté du Conseil d'État, on rappelait ainsi qu'à l'exception de la déclaration d'inconstitutionnalité de dispositions spécifiques, à laquelle est attachée l'autorité de chose jugée, l'interprétation du Conseil constitutionnel a essentiellement une autorité persuasive, dans la mesure où la Constitution française ne prévoit pas l'équivalent de l'article 177 du Traité de Rome qui donne compétence exclusive d'interprétation à la Cour de Justice[2]. Du côté de la Cour de cassation, si l'on reconnaît que la QPC implique « *un nouvel équilibre entre le Conseil constitutionnel et les cours suprêmes dans le sens d'une affirmation en droit positif de l'autorité de l'interprétation délivrée par le Conseil* », on estime aussi que « *l'autorité de la décision préjudicielle du Conseil constitutionnel n'est pas définitivement et exactement déterminée* »[3].

Cette indétermination affaiblit donc l'effet utile des décisions du Conseil et limite son rôle. S'il peut censurer des dispositions législatives identiques dans leur substance à des

1. M. Guillaume, « L'autorité des décisions du Conseil constitutionnel : vers de nouveaux équilibres ? », *Nouveaux Cahiers du Conseil constitutionnel*, 2011/1, n° 30, pp. 49-75, p. 61.

2. J. Arrighi de Casanova, « L'autorité des décisions du Conseil constitutionnel vue du Conseil d'État », *Les Nouveaux Cahiers du Conseil constitutionnel*, 2011/1, n° 30, pp. 23-29, p. 23.

3. O. Desaulnay, « L'autorité des décisions du conseil constitutionnel vue par la Cour de cassation », *Nouveaux Cahiers du Conseil constitutionnels*, 2011/1, n° 30, pp. 31-48, p. 43.

dispositions abrogées[1] , il doit préciser le sens de ses réserves d'interprétation, comme par exemple dans une décision *SOPARFI*[2], au motif que la situation couverte n'était pas incluse dans une réserve d'interprétation précédemment prononcée.

Le Conseil d'État, juge principal de l'impôt, malgré sa déférence envers l'interprétation du Conseil constitutionnel[3], continue de disposer d'une large marge de manœuvre pour l'application temporelle des dispositions de droit fiscal. Sur la question essentielle du délai de réclamation, au cœur des effets des décisions constitutionnelles, il a notamment jugé qu'une décision du Conseil constitutionnel ne rouvre pas le délai de réclamation contentieuse[4] et qu'en tout état de cause, pour les effets passés d'une abrogation de disposition inconstitutionnelle, c'est la procédure fiscale et non les règles de répétition de l'indu qui s'appliquent[5].

Ainsi, si le Conseil constitutionnel module savamment les effets de ses décisions dans le temps, il demeure tributaire des juges du filtre, qui ont à tirer les conséquences de ses décisions.

1. Cons. const., 8 juillet 2016, 2016-553 QPC, *Société Natixis*.
2. Cons. const., 6 octobre 2017, 2017-660 QPC, *SOPARFI*.
3. Voir la formule de la rapporteure publique Aurélie Bretonneau dans ses conclusions sous la décision de renvoi dans l'affaire *DomCom Invest* à propos de la censure du Conseil constitutionnel qui « *redresserait autrement mieux l'état du droit [...] qu'elle serait nimbée de la force de frappe de l'article 62 de la Constitution* » in M. Pelletier, « Droit constitutionnel fiscal : chronique de l'année 2018 », *Revue de droit fiscal*, 28 mars 2019, n°13, comm. 213, §24.
4. Voir S. Austry, « Chronique de droit économique et fiscal », *Titre VII*, 2019/2, n°3, pp. 126-131, p. 131.
5. Voir S. Austry, « Chronique de droit économique et fiscal », *Titre VII*, 2020/2, n°5, pp. 158-164, p. 162.

# 2

# Des garanties qui s'améliorent contre les dispositions fiscales répressives

Le Conseil constitutionnel a renforcé son contrôle des mesures fiscales répressives en mobilisant les articles 8 et 9 de la DDHC. Il a ainsi pu censurer des mécanismes d'amende forfaitaire disproportionnés ou préciser les règles de cumul de sanctions pénales et fiscales (Section 1). Mais ces protections sont limitées par le caractère restrictif de la notion de sanction pour le juge constitutionnel ainsi que par le refus des juges du filtre de transmettre des questions portant sur des mécanismes dont l'objet punitif les rapproche fortement d'une sanction (Section 2).

## Section 1. La protection renforcée contre les sanctions fiscales

Le juge constitutionnel a utilisé la QPC pour délimiter les protections du contribuable pour contre les sanctions fiscales (1) et encadrer le cumul de poursuites que l'indépendance des procédures pénales et fiscales pouvait encourager (2).

### 1. La protection substantielle par le contrôle de la proportionnalité et de l'individualité des sanctions

Les sanctions fiscales, très nombreuses, ont vocation à dissuader le contribuable d'adopter un comportement frauduleux tout en évitant une procédure pénale et représentent un enjeu financier important tant pour l'État que pour les contribuables qui en font les frais[1].

Dès l'introduction de la QPC, les contribuables ont entendu contester les dispositions fiscales punitives, ce qui a donné l'occasion au Conseil de préciser les modalités de son contrôle en la matière, à travers deux grands contentieux : les pénalités forfaitaires et les amendes pour manquement aux obligations déclaratives.

Concernant les pénalités forfaitaires, trois décisions du même jour portant sur 4 QPC, rendues le 17 mars 2011, ont été l'occasion pour le Conseil de statuer sur ces majorations contestées au regard du principe d'individualisation et de proportionnalité des peines découlant de l'article 8 DDHC [2].

Dans les trois affaires, qui mettaient respectivement en cause les majorations de 40 % pour mauvaise foi, de 40 % après mise en demeure et de 80 % pour activité occulte, l'argumentation des requérants tenait essentiellement au fait que l'existence d'une pénalité fixe, sans pouvoir de modulation alloué au juge, contrevenait au principe de peines individuelles et pouvait représenter une charge disproportionnée. L'interprétation du Conseil va néanmoins déclarer ces majorations conformes à la Constitution. À titre liminaire, le

1. D. Gutmann, « Sanctions fiscales et constitution », *Nouveaux Cahiers du Conseil constitutionnel,* 2011/4, n°33, pp. 41-54, p. 41 : les sanctions fiscales représentent 7,9 milliards d'euros en 2009, dont 2,4 milliards de pénalités ; elles étaient au nombre de 200 avant une ordonnance de rationalisation en 2005.

2. Cons. const., 17 mars 2011, 2010-103 QPC, *Société SERAS II* ; Cons. const., 17 mars 2011, 2010-105/106 QPC, *César S.* ; Cons. const., 17 mars 2011, 2010-104 QPC, *Époux B.*

juge constitutionnel rappelle que ces pénalités ont pour objet de décourager l'incivisme fiscal afin d'assurer l'égalité devant l'impôt[1], ce qui fait écho à l'objectif constitutionnel de lutte contre la fraude fiscale. La justification tient à ce que le Conseil considère que la loi prévoit une gradation selon la gravité du manquement, qui s'échelonne de 40 % (mauvaise foi) à 80 % (activité occulte), de sorte qu'il y a bien une individualisation de la peine sur une échelle de sanctions, selon le comportement du contribuable[2]. Le contrôle d'un échelonnement des sanctions va de pair avec un contrôle du caractère proportionné de la sanction, comme le précise le considérant qui énonce que : « *la disposition contestée institue une sanction financière dont la nature est directement liée à celle de l'infraction ; que la loi a elle-même assuré la modulation des peines en fonction de la gravité des comportements réprimés ; que le juge décide, dans chaque cas, après avoir exercé son plein contrôle sur les faits invoqués et la qualification retenue par l'Administration, soit de maintenir ou d'appliquer la majoration effectivement encourue au taux prévu par la loi, soit de ne laisser à la charge du contribuable que des intérêts de retard s'il estime que l'Administration n'établit pas que ce dernier se serait rendu coupable de manœuvres frauduleuses ni qu'il aurait agi de mauvaise foi ; qu'il peut ainsi proportionner les pénalités selon la gravité des agissements commis par le contribuable ; que le taux de 40 % n'est pas manifestement disproportionné* »[3].

Ce contrôle de proportionnalité trouve particulièrement à s'appliquer dans un autre domaine, celui des amendes pour manquement aux obligations déclaratives – spécifiquement en matière de comptes bancaires non déclarés à l'étranger et

1. A. Barilari, « Il faut sauver les pénalités forfaitaires ! », *Constitutions*, 2011, p. 377.
2. D. Gutmann, « Le contrôle du Conseil constitutionnel sur les sanctions fiscales », *Revue de droit fiscal*, 26 mars 2015, n°13, comm. 233, §6.
3. Cons. const., 17 mars 2011, 2010-105/106 QPC, *César S.*

de trust, dispositions dont le Conseil a souvent eu à connaître depuis l'introduction de la QPC.

Dans le cas des amendes forfaitaires, le Conseil est généralement conciliant. Il a ainsi validé un dispositif qui prévoyait une amende forfaitaire de 1 500 € par an par compte bancaire non déclaré à l'étranger, qui monte à 10 000 € par an et par compte en cas de non-déclaration d'avoirs dans un état ou territoire non coopératif[1] (ETNC[2]), au motif que le juge peut contrôler si le contribuable a ou non manqué à son obligation déclarative et qu'il y a bien une gradation selon la domiciliation des avoirs bancaires (ETNC ou non). Le dispositif sanctionnant la non-déclaration des trusts, à hauteur de 10 000 ou 20 000 € par manquement déclaratif, a également été déclaré conforme à la Constitution, eu égard à l'importance des déclarations pour lutter contre la fraude, objectif de nature constitutionnelle[3].

S'agissant des amendes proportionnelles, le contrôle est plus resserré, même si la censure reste rare, d'autant qu'il n'y a pas de limite absolue[4].

Le Conseil a ainsi censuré le dispositif sanctionnant la non-déclaration de comptes bancaires à l'étranger par deux niveaux d'amende, selon le montant des avoirs non déclarées (au-delà ou en deçà de 50 000 €), parce qu'un montant d'avoirs supérieur à 50 000 € déclenchait l'application d'une pénalité non plafonnée de 5 % du montant du compte, sans lien avec l'infraction, qui portait sur l'absence de déclaration[5]. De même ; le Conseil a déclaré inconstitutionnelle l'amende de 50 % s'appliquant au montant d'une vente sans facture[6].

1. Cons. const., 17 septembre 2015, 2015-481 QPC, *Époux B.*
2. Désignation juridique pour désigner les paradis fiscaux.
3. Cons. const., 16 mars 2017, 2016-618 QPC, *Mme Michelle Theresa B.*
4. Dans le cas de la majoration de la taxe d'apprentissage, le Conseil a validé une amende égale à 100 % des droits non versés : Cons. const., 7 mars 2014, 2013-371, *SAS Labeyrie.*
5. Cons. const., 22 juillet 2016, 2016-554 QPC.
6. Cons. const., 26 mai 2021, 2021-908 QPC.

Dans le cas de cette dernière amende, le Conseil avait semblé infléchir sa grille d'analyse pour la rapprocher de celle du droit européen des droits de l'Homme en prenant aussi en compte le gain tiré du manquement pour déterminer si la sanction était proportionnée[1].

Mais le Conseil a aussi pu valider une autre amende de 50 % pour facture de complaisance[2] quand bien même aucun impôt n'était éludé. Le Conseil a jugé qu'une majoration de 40 % des droits dus en cas de non-déclaration de comptes bancaires à l'étranger était constitutionnelle, dans la mesure où le contribuable conservait la possibilité d'apporter la preuve que la somme en cause n'avait pas été soustraite à l'impôt et que le taux de la majoration, lié à la nature de l'infraction, n'était pas disproportionné[3]. De même, les dispositifs à caractère dissuasif comme l'imposition des assurances-vie détenues à l'étranger, le mode d'imposition des dons manuels révélés ont été déclarés conformes à la Constitution[4]. À cet égard, l'imposition au taux de 60 % du solde maximal des avoirs non justifiés figurant sur une assurance-vie ou un compte bancaire à l'étranger sur une période de dix ans lorsque le compte ou l'assurance-vie n'est pas déclaré n'a pas été considérée comme disproportionnée[5].

1. M. Pelletier, « Droit constitutionnel fiscal : chronique de l'année 2021 », *Revue de droit fiscal*, 25 mars 2022, n°12, 153, p. 9.
2. Cons. const., 21 octobre 2021, 2021-942 QPC.
3. Cons. const., 10 février 2012, 2011-220 QPC.
4. S'agissant de la révélation des dons manuels, cette imposition semble présenter un caractère punitif dès lors que la valeur retenue est la valeur vénale à la date de la révélation – les actifs ayant tendance à s'apprécier dans le temps, la non-déclaration initiale de l'actif conduit à l'imposer à un niveau bien supérieur à ce qu'aurait été l'imposition sur la valeur vénale à la date du don et est susceptible d'être disproportionnée. La dimension punitive du dispositif n'est pourtant pas vraiment analysée (Cons. const., 9 juin 2021, 2021-923 QPC, Walter G).
5. Cons. const., 15 octobre 2021, 2021-939 QPC.

Le juge constitutionnel encadre donc le pouvoir de sanction de l'administration, de manière assez lâche cependant : pour que la sanction soit jugée constitutionnelle, il suffit qu'elle soit intégrée dans une gradation (même légale) et qu'elle soit soumise au contrôle du juge (même s'il ne peut que la confirmer ou l'infirmer). Le plafonnement de la sanction, qui est un critère en faveur de la constitutionnalité d'un dispositif, n'est cependant pas systématiquement requis, dès lors que l'objectif de lutte contre la fraude et l'évasion fiscale prime pour le Conseil sur l'appréciation des facultés contributives du contribuable : pour être dissuasive, la sanction doit être importante. *Dura lex...*

### 2. La protection procédurale par l'encadrement des poursuites et des sanctions

Le contrôle du juge constitutionnel sur la procédure fiscale s'est d'abord montré timide, au point que le professeur de la Mardière parlait d'une « *impuissance du droit* »[1], dans le contexte des prérogatives de l'administration en matière de perquisitions fiscales. Le Conseil constitutionnel avait en effet validé en 2011 le dispositif de l'article L. 16 B du LPF[2], qui régit le droit de visite et de saisie, alors même que le contrôle du juge des libertés et de la détention sur la perquisition est inexistant, puisqu'il se limite à reprendre un projet préparé par l'administration, qui fait parfois plusieurs centaines de pages, pour l'ordonnance qui autorise la perquisition. La seule réserve, dégagée dans le contexte de la perquisition réalisée au domicile d'un avocat, est que le magistrat ayant autorisé la perquisition ne soit pas celui qui statue sur sa contestation[3]. Le Conseil a également validé la possibilité de saisir, dans

1. C. de la Mardière « Perquisitions fiscales : l'impuissance du droit », *Constitution*, 2010, p. 595.
2. Cons. const., 19 juillet 2010, 2010-19/27 QPC.
3. Cons. const., 19 janvier 2023, 2022-1031 QPC.

le cadre de l'article L. 16 B du LPF, des données stockées à distance, sur des serveurs appartenant à des tiers[1].

Cette déférence du Conseil tient à la place centrale qu'occupe la lutte contre la fraude fiscale, qui constitue un objective à valeur constitutionnelle[2]. Cet objectif justifie par exemple, malgré la garantie des droits, la validation rétroactive de dispositions procédurales pour des contrôles fiscaux qui avaient débouché sur des pénalités[3].

Pour être légitime, la lutte contre la fraude doit néanmoins s'accompagner de garanties procédurales[4]. À cet égard, trois décisions emblématiques rendues sur le cumul des poursuites[5] ont significativement précisé les contours des garanties du contribuable. Bien que l'objectif initial visant à remettre en cause l'existence d'un fondement constitutionnel des poursuites pénales pour fraude fiscale[6] n'ait pas été atteint, l'encadrement de la procédure pénale en matière fiscale a été mieux délimité.

Dans les deux QPC *Jérôme Cahuzac* et *Alec Wittgenstein* du 24 juin 2016 étaient en cause les dispositions prévues aux articles 1729 et 1741 du CGI. Elles prévoyaient, en plus de l'application de pénalités fiscales, l'infliction de sanctions pénales.

---

1. Cons. const., 11 mars 2022, n° 2021-980 QPC, *Sté H et a. 6* – v.A. Périn-Dureau, « Visites domiciliaires et saisie de données informatiques – Conformité de l'article L. 16 B du LPF à la Constitution », *Dalloz IP/IT*, décembre 2022, n° 12, p. 651.
2. A. Barilari, « L'objectif de valeur constitutionnelle de lutte contre la fraude », *Constitutions*, 2010, p. 284.
3. Cons. const., 23 septembre 2011, 2011-166 QPC, *Yannick Noah*.
4. C. Mandon, « La guerre contre la fraude fiscale aura bien lieu, commentaire des décisions QPC 2016-545 et 546 », 2016, pp. 436-446.
5. Cons. const., 24 juin 2016, 2016-545 QPC, *Jérôme Cahuzac* et 2016-546 QPC, *Alec Wittgenstein*.
6. N. Jacquot, P. Mispelon, « La constitutionnalité du délit de fraude fiscale bientôt mise à nu ? », *Revue de droit fiscal*, 21 janvier 2016, n°3, comm. 41.

Les requérants contestaient ces dispositions au regard des principes de nécessité et de proportionnalité des délits et des peines inscrits à l'article 8 DDHC. Ils reprochaient au cumul de répressions d'être incompatibles avec le principe de droit pénal *non bis in idem* puisque ce cumul résultait en une double sanction pour les mêmes faits. L'argument était alors audacieux, puisque la jurisprudence constitutionnelle antérieure admettait sans difficulté le cumul des sanctions pénales et fiscales[1], se limitant à plafonner la sanction au plus élevé des deux montants encourus[2]. La chambre criminelle de la Cour de cassation avait néanmoins jugé le moyen sérieux, en relevant que le Conseil avait appliqué en 2015 le principe *non bis in idem* en matière de délits boursiers dans une décision *EADS*[3], qui posait quatre conditions, dont au moins une devait être remplie, pour admettre des poursuites différentes pour les mêmes faits. Pour que de doubles poursuites soient possibles, il faut que les dispositions ne répriment pas les mêmes faits qu'elles qualifient de manière identique ; que les deux répressions ne protègent pas les mêmes intérêts sociaux ; que les deux répressions aboutissent à des sanctions de nature différente ; que les poursuites et sanctions ne relèvent pas du même ordre de juridiction[4].

Les décisions de 2016 ont été l'occasion moduler la jurisprudence *EADS* en matière fiscale, à l'opposé de la doctrine qui en déduisait un effet limité[5]. Le Conseil abandonne

1. D. Gutmann, « Le contrôle du Conseil constitutionnel sur les sanctions fiscales », *Revue de droit fiscal*, 26 mars 2015, n°13, comm. 233, §7.
2. Cons. const., 30 décembre 1997, 97-395 DC, *Loi de finances pour 1998*.
3. Cons. const., 18 mars 2015, 2014-453/454 QPC et *2015*-462 QPC *EADS*.
4. R. Salomon, « Non bis in idem : la Cour de cassation renvoie deux QPC au Conseil constitutionnel », *Revue de droit fiscal*, 7 avril 2016, n°14, comm. 268.
5. S. Austry, L. Ayrault, G. Blanluet, « Encadrement de la lutte contre la fraude et l'évasion fiscale », *Revue de droit fiscal*, 24 septembre 2015, n°39, 582, §5.

d'abord implicitement le critère lié à la dualité de juridiction – puisqu'il commence par considérer que les poursuites administratives et pénales ne sont pas différentes mais constituent des « *procédures complémentaires* » dans le cas de la fraude fiscale, avant d'énoncer deux réserves d'interprétations significatives[1]. D'une part, il considère que les poursuites pour fraude fiscale doivent être réservées « *aux cas les plus graves de dissimulation frauduleuse des sommes soumises à l'impôt* ».

D'autre part, il ajoute qu'un contribuable déchargé d'une imposition pour un motif de fond ne peut pas faire l'objet d'une condamnation pénale pour fraude fiscale. À propos de la première réserve, le Conseil précise en 2018 dans une décision *Thévenoud*[2] que l'omission déclarative de sommes importantes, qui semblait exclue des « *cas les plus graves* » visés par la formulation (car la dissimulation est plus forte qu'une omission), y est bien incluse. Sur la seconde réserve, le Conseil innove puisqu'il va à l'encontre de la jurisprudence alors en vigueur de la Cour de cassation, qui avait considéré que le juge pénal n'était pas tenu par la qualification donnée par le juge de l'impôt[3].

Le changement de position du Conseil a débouché sur un infléchissement de la jurisprudence de la Cour de cassation trois ans plus tard. Dans six arrêts du 11 septembre 2019[4], la Cour de cassation tire les conséquences des critères posés lors des deux affaires *Cahuzac* et *Wittgenstein*, les accompagnant d'une note explicative[5]. Dans le cas d'un cumul

1. M. Pelletier, « Droit constitutionnel fiscal : chronique de l'année 2016 », *Revue de droit fiscal*, 23 mars 2017, n°12, comm. 209, §20.

2. Cons. const., 23 novembre 2018, 2018-745 QPC, *Thévenoud*.

3. E. Pichon, « La QPC devant la chambre criminelle de la Cour de cassation », *Revue de droit fiscal*, 22 septembre 2016, n°38, comm. 506.

4. Cass. crim., 11 septembre 2019, 18-81.980; Cass. crim., 11 septembre 2019 18-81.067 ; Cass. crim., 11 septembre 2019, 18-82.430 ; Cass. crim., 11 septembre 2019,18-81.040 ; Cass. crim., 11 septembre 2019, 18-83.484 ; Cass. crim., 11 septembre 2019, 18-84.144.

5. M. Pelletier, « Droit constitutionnel fiscal : chronique de l'année 2019 »,

de procédures pénales et fiscales, elle considère, en rupture avec sa position antérieure, que le juge pénal peut surseoir à statuer dans l'attente de la décision du juge de l'impôt. Si cette décision marque une avancée dans le sens prescrit par la réserve constitutionnelle, elle n'y équivaut pas puisque la question de fond sur la plénitude de juridiction du juge répressive est esquivée[1]. Sur la question de la gravité des infractions, la Cour juge également que l'absence de gravité s'oppose à la condamnation, sans que la notion de gravité ne soit néanmoins précisément circonscrite. Mais il demeure un point à propos duquel la Cour de cassation ne se satisfait pas de la jurisprudence constitutionnelle, qui est bien moins exigeante en matière de cumul des poursuites que la jurisprudence européenne[2]. Les commentateurs avaient en effet relevé que le système français reposant sur les articles 1729 et 1741 du CGI, déclaré conforme sous réserve à la Constitution, ne présentait pas d'articulation précise entre poursuites pénales et poursuites fiscales[3], même si la suppression du verrou de Bercy, qui conditionnait les poursuites pénales à une plainte de l'administration fiscale sur avis conforme de la Commission des Infractions Fiscales, et la dénonciation automatique au procureur, ont rationalisé le système après 2018. La Cour de cassation a ainsi posé à la CJUE deux questions préjudicielles dans un arrêt du 21 octobre 2020[4], pour déterminer si les règles nationales respectent les exigences de clarté et de prévisibilité en matière de cumul des répressions pénale et fiscale d'une part et si, d'autre part, ces règles res-

---

*Revue de droit fiscal*, 19 mars 2020, n°12, comm. 195., §22.

1. *Ibid.*

2. D. Gutmann, « Regard sur la jurisprudence fiscale du conseil constitutionnel », *Pouvoirs*, 2014/4, n°151, pp. 129-140, p. 139.

3. M. Pelletier, « Droit constitutionnel fiscal : chronique de l'année 2018 », *Revue de droit fiscal*, 28 mars 2019, n°13, comm. 213, §20.

4. Cass. crim., 21 oct. 2020, n° 19-81.929.

pectent les conditions de nécessité et de proportionnalité, à laquelle la Cour a répondu négativement[1].

Ces protections constitutionnelles sont néanmoins perfectibles. D'une part, la jurisprudence constitutionnelle la plus récente s'est durcie, limitant la portée du principe *ne bis in idem* et en validant des sanctions en l'absence d'impôt éludé.

S'agissant de la restriction du champ d'application de la règle *non bis in idem*, elle tient à l'interprétation extrêmement restrictive de la condition d'identité des faits réprimés. Ainsi, à propos de factures de complaisance, dont les sanctions se cumulent avec les sanctions portant sur des impôts éludés, le Conseil a considéré que les faits réprimés dans les deux dispositifs étaient distincts dès lors que la facture de complaisance faisait l'objet d'une répression qu'il y ait ou non un impôt éludé[2].

S'agissant des sanctions applicables en l'absence d'impôt éludé, le Conseil a considéré que l'amende proportionnelle en cas de défaut de déclaration de l'autoliquidation de la TVA est conforme à la Constitution alors même qu'aucun impôt n'est éludé[3], ce qui conduit certains auteurs à dénoncer vivement une « *autoliquidation du contrôle de constitutionnalité* »[4].

1. CJUE, 5 mai 2022, C-570/20.

2. Cons. const., 21 octobre 2021, 2021-942 QPC. La solution est aussi confirmée dans le cas de la facture non pas fausse mais inexacte par Cons. const., 16 juin 2023, 2023-1054 QPC.

3. Cons. const., 22 septembre 2022, 2022-1009 QPC.

4. Le principe même de l'autoliquidation est en effet que la société importatrice en France collecte la TVA appliquée par l'entreprise étrangère et la déduit dans un même mouvement : il n'y a donc aucun flux de TVA vers le Trésor public dans le cas de l'autoliquidation. M. Pelletier, « La décision Igdal : l'auto-liquidation du contrôle de constitutionnalité des sanctions fiscales ? », *Revue de droit fiscal*, 29 septembre 2022, n° 39, 3 p : « *Sous l'angle de la politique jurisprudentielle, la solution rendue dans la décision Igdal n'est pas davantage satisfaisante. Les louvoiements du Conseil combinés à l'absence de motivation de la décision Igdal nuisent à la lisibilité de la jurisprudence constitutionnelle en matière de sanctions fiscales et, par ricochet, à l'autorité de l'institution* ».

D'autre part, l'imperfection des garanties constitutionnelles met en danger les dispositifs répressifs français, que le contrôle de conventionalité pourrait remettre en cause[1]. De manière abstraite, après la décision *Igdal*, le risque d'inconventionnalité d'une amende pour défaut de déclaration de TVA auto-liquidée subsiste[2]. De manière concrète, la décision rendue par la CJUE le 5 mai 2022 (C-570/20), a déclaré contraire au droit de l'Union le cumul de peines privatives de liberté et d'amendes pécuniaires des articles 1729 et 1741 du CGI, dans la mesure où la jurisprudence française ne précisait pas avec suffisamment de clarté comment s'assurer de la proportionnalité de ce cumul de sanctions, en témoigne.

## Section 2. Le regrettable contournement des garanties constitutionnelles pour les dispositifs anti-abus

Malgré la protection accrue dont bénéficie le contribuable, le Conseil constitutionnel a refusé de contrôler des dispositifs dissuasifs au regard des articles 8 et 9 DDHC, en interprétant de manière restrictive la notion de sanction à caractère de punition (1). Cette interprétation est d'autant plus regrettable qu'elle se conjugue avec le refus du juge du filtre de transmettre des QPC sur les dispositifs de répression de l'abus de droit, qui donnent de larges pouvoirs à l'administration pouvant aboutir au prononcé de sanctions pécuniaires considérables (2).

1. M. Pelletier, « Droit constitutionnel fiscal : chronique de l'année 2020 », *Revue de droit fiscal*, 11 mars 2021, n°10, comm. 162, §17.
2. M. Pelletier, « La décision Igdal : l'auto-liquidation du contrôle de constitutionnalité des sanctions fiscales ? », *Revue de droit fiscal*, 29 septembre 2022, n° 39, 3 p.

### 1. L'interprétation restrictive de la notion de sanction à caractère punitif

Si une définition positive de la sanction fiscale peut être donnée, elle passe par son objet : c'est un dispositif qui réprime le fait d'avoir éludé l'impôt ou manqué à des obligations déclaratives[1]. Mais le Conseil a une définition restrictive de la notion de sanction à caractère punitif[2]. Cela lui permet d'exclure certains dispositifs d'un contrôle au regard des articles 8 et 9 DDHC, au détriment des contribuables, dès les premières QPC.

Ainsi en va-t-il de la solidarité de paiement du dirigeant social pour défaut de réponse par la société à une demande d'information de l'administration suite à une distribution qui excède le montant de revenus distribués déclarés[3] : le Conseil juge que cette solidarité de paiement vise seulement à garantir les droits financiers du Trésor, sans revêtir de caractère punitif.

De même, la majoration de 10 % pour paiement tardif est décrite par le Conseil comme une manière de compenser le préjudice financier du Trésor en cas de retard dans la déclaration et le paiement de l'impôt[4] – le défaut de déclaration dans le délai imparti ne constitue donc pas une véritablement une faute du contribuable, comme le remarque malicieusement la doctrine[5].

Si l'absence de qualification de sanction paraît surprenante dans ces deux cas, elle l'est encore plus dans le cas de la cotisation correspondant à 2 % de la masse salariale –

1. B. Lignereux, *op. cit.*, p. 586.
2. D. Gutmann, « Sanctions fiscales et constitution », *Nouveaux Cahiers du Conseil constitutionnel,* 2011/4, n°33, p. 41-54.
3. Cons. const., 21 janvier 2011, 2010-90 QPC, *M. Jean-Claude C.*
4. Cons. const., 29 avril 2011, 2011-124 QPC, *Dame Catherine Boitel.*
5. C. de la Mardière « La pénalité de 10 % pour paiement tardif n'est pas une sanction », *Constitutions*, 2011, p. 380.

assortie, le cas échéant, de pénalités – en cas d'insuffisance d'investissement pour le logement des salariés via le « 1 % logement » – qui est en réalité une contribution de 0,45 % de la masse salariale, à verser par les entreprises de plus de 20 employés. Alors que les requérants soutenaient que le taux de 2 % constituait une sanction contraire aux principes de nécessité et de proportionnalité des peines de l'article 8 DDHC, le Conseil constitutionnel écarte le grief[1]. La justification donnée dans le commentaire officiel de la décision aux Cahiers du Conseil constitutionnel est que le critère de la sanction punitive est la finalité répressive, qui n'est établie que si son objet est d'empêcher la réitération des agissements réprimés, sans que la nature incitative ou comminatoire d'une disposition ne suffise pour lui conférer ce caractère[2].

Il faut donc que la finalité comportementale soit prépondérante pour retenir le caractère de sanction. C'est ce qui justifie que l'inexactitude, l'omission, l'insuffisance, l'incomplétude, le caractère tardif d'une déclaration d'impôt (avec ou sans mise en demeure) soient sanctionnés par des pénalités, qui sont des sanctions à caractère de punition : le but est d'éviter que le comportement du contribuable vis-à-vis de l'impôt ne se reproduise[3].

Il est ainsi possible de réinterpréter la pénalité de 10 % pour paiement tardif ou le non-versement du 1 % logement. Dans le premier cas, l'impôt n'est pas éludé mais différé (d'autres pénalités, punitives, s'appliquent en cas de manquement délibéré). Dans le second cas, il s'agit d'une contribution spontanée et non d'un impôt à proprement parler. La ligne de partage entre la sanction et la simple incitation demeure néanmoins fine : les entreprises qui n'ont pas conclu un plan

1. Cons. const., 13 janvier 2011, 2010-84 QPC, *SNC Eiffage Val de Seine Construction*.

2. B. Lignereux, *op. cit.*, p. 585.

3. B. Lignereux, *Précis de droit constitutionnel fiscal*, Lexis Nexis, 2020, p. 589.

d'action pour l'emploi des salariés âgés sont tenues de payer un prélèvement de 1 % sur les rémunérations versées par l'entreprise. Ce prélèvement est qualifié de sanction par le Conseil, qui réprime un manquement à l'obligation qu'est le plan d'action[1]. Or, il est tout à fait envisageable de soutenir que le paiement tardif de l'impôt constitue tout autant un manquement à l'obligation de s'acquitter à temps de l'impôt tout comme la contribution de 2 % vise à réprimer le défaut d'investissement dans le logement des salariés, quand bien même le montant investi est volontaire (0,45 % est un plancher). Il semble donc que des considérations d'opportunité guident également le Conseil, pour éviter l'application des garanties des articles 8 et 9 DDHC à des dispositions législatives.

Ce choix d'opportunité est particulièrement manifeste en matière de dispositifs anti-abus, que le Conseil distingue des sanctions, au motif qu'ils ne répriment pas les manquements à une obligation, même s'ils ont une vocation dissuasive. S'il existe un contrôle de proportionnalité de la mesure[2], le refus de la qualification de sanction à caractère de punition allège les autres exigences (personnalité et individualisation notamment). Des mesures diverses ont ainsi pu échapper à la qualification de sanction pour être qualifiées de dispositifs anti-abus, dont l'application est pourtant pénalisante pour le contribuable : l'article 155 A du CGI sur les *rent-a-star-company*[3] (risque de double imposition), la taxe à 3 % sur les immeubles détenus par des structures étrangères[4] (imposition de 3 % sur la valeur vénale de l'immeuble), la retenue à la source de 75 % pour les dividendes payés dans un ETNC[5] (taux quasi-confiscatoire) etc.

1. Cons. const., 4 mai 2018, 2018-703 QPC, *Société People and Baby.*
2. Notamment l'interdiction de dispositifs sans clause de sauvegarde ou qui étendent démesurément la définition de l'abus.
3. Cons. const., 26 novembre 2010, 2010-70 QPC, *M. Pierre-Yves M.*
4. Cons. const., 16 sept. 2011, 2011-165 QPC, *Société Heatherbrae Ltd.*
5. Cons. const., 25 novembre 2016, 2016-598 QPC, *Société Eurofrance.*

La garantie que constitue l'encadrement constitutionnel des sanctions fiscales est donc atténuée par les fluctuations de la ligne jurisprudentielle du Conseil en matière de qualification des sanctions, dont les critères semblent parfois obéir à des impératifs d'opportunité.

### 2. Le refus de transmission des QPC portant sur l'abus de droit par le juge du filtre

Dans un dispositif de QPC, le Conseil constitutionnel n'est pas une Cour suprême intégrée aux ordres administratif et judiciaire. D'une part, il statue plutôt sur le mode d'une question préjudicielle interne, sans pouvoir pour autant contraindre les autres juridictions à infléchir leur jurisprudence. D'autre part, l'examen des questions de constitutionnalité est dépendant des juridictions suprêmes des ordres judiciaire et administratif : si la Cour de cassation ou le Conseil d'État refusent de transmettre une QPC, elle ne sera jamais examinée par le Conseil constitutionnel. Il en découle que certaines dispositions peuvent ne pas être contrôlées par voie de QPC, parce que les juridictions suprêmes de l'ordre administratif et judiciaire refusent de transmettre les questions soulevées[1].

C'est en particulier le cas de l'abus de droit. Ce dispositif constitue selon le professeur de la Mardière « *une arme de répression fiscale* »[2]. Issu d'une jurisprudence de la Cour de cassation relative aux droits d'enregistrement, l'abus de droit a été étendu à l'impôt sur le revenu par une loi vichyste du 13 janvier 1941, avant d'intégrer en 1987 l'article L. 64 du LPF. Il se divise en deux branches : la fictivité et la fraude à la loi.

1. D'autant qu'avec sa jurisprudence CE, 16 janvier 2015, n°386031, *Métropole Télévisions*, le Conseil d'État se réserve le droit de ne pas transmettre une QPC dans le cas où il juge les dispositions contestées similaires en substance à des dispositifs législatifs déjà validés par le Conseil.
2. C. de la Mardière, « La notion d'abus de droit : une arme de répression fiscale », *Revue de droit fiscal*, 18 décembre 2014, n°51-52, comm. 700.

La fictivité consiste pour le contribuable à simuler un acte à des fins fiscales (une vente fictive pour échapper aux droits de donations par exemple). La fraude à la loi intervient quant à elle lorsque le contribuable se prévaut de la lettre d'un texte juridique pour aller à l'encontre de l'objectif de ses auteurs. La sanction d'un tel abus est sévère : si elle démontre un abus de droit, l'administration peut appliquer des pénalités égales à 40 % ou 80 % des droits fraudés.

Eu égard à la sévérité de la sanction et à son fondement plastique, plusieurs contribuables redressés suite à une procédure d'abus de droit ont entendu faire déclarer l'abus de droit inconstitutionnel : pas moins de huit QPC ont été déposées devant le Conseil d'État, qui a refusé de les transmettre[1]. Si certains moyens ont légitimement pu être écartés, une décision *Société financière des Pins*[2] a déclenché une critique doctrinale nourrie. Selon la société requérante, comme la fraude à la loi avait à l'époque une origine purement jurisprudentielle, elle méconnaissant le principe de légalité des délits et des peines. La rapporteur public C. Legras proposait ainsi de transmettre la QPC, jugeant le moyen sérieux : dans la mesure où le texte dont le contribuable abuse peut concerner un traité ou un règlement, pour lesquels les travaux préparatoires n'existent pas, ou une disposition législative sur laquelle les travaux préparatoires sont muets, l'objectif de l'auteur de la norme manque souvent de clarté. Par conséquent, autoriser l'administration à poursuivre le contribuable sur le fondement de l'abus de droit reviendrait à lui permettre de se substituer au législateur pour instituer une peine. Le Conseil d'État n'a pourtant pas suivi son rapporteur public et a jugé dans une formule lapidaire que les articles L. 64 du LPF et 1729 du CGI « *ne présentent aucune ambiguïté en ce qui*

1. A-L. Cassard-Vallembois, R. Vabres (dir.) « QPC et droit fiscal. Les apports croisés du droit fiscal et de la QPC », *Titre VII* [En ligne], Hors-Série « Dix ans de QPC », octobre 2020.
2. Conseil d'État, 23 mai 2014, 374056, *Société Financière des Pins*.

*concerne la définition des infractions qu'ils sanctionnent* ». On ne peut expliquer cette décision autrement que par la crainte de la décision constitutionnelle sur un dispositif central de répression fiscale.

Le refus de transmission illustre ainsi une nouvelle fois les limites du rôle constitutionnel en matière pénale.

# 3

# Le contrôle résiduel sous l'angle du droit de propriété et de la liberté individuelle

Si le Conseil constitutionnel a longtemps été réticent à mobiliser le droit de propriété (art. 2 DDHC) et la liberté individuelle (art. 4 DDHC), deux décisions récentes, d'inégale portée, ont mis fin à cette tendance et marqué l'entrée de ces dispositions du bloc de constitutionnalité dans le contrôle du Conseil, dans le cadre de la déclaration d'inconstitutionnalité de deux dispositifs anciens et structurants.

La première décision[1] concerne le droit de suite en matière de taxe foncière, qui était prévu à l'article 1920, 2-2° du CGI. Ce mécanisme permettait à l'administration fiscale de poursuivre le recouvrement d'une créance fiscale de l'ancien propriétaire d'un immeuble auprès du nouveau propriétaire de l'immeuble, en prélevant les revenus que le nouveau propriétaire tirait de cet immeuble (loyers). Ce dispositif ancien, critiqué dès 1969 par le professeur Cozian, faisait ainsi figure de dinosaure juridique aux effets tout à fait redoutables puisqu'il conduisait à faire supporter à l'acquéreur d'un immeuble la dette fiscale du vendeur. En se fondant

1. Cons. const., 13 mai 2022, 2022-992 QPC.

sur l'article 2 DDHC et la protection du droit de propriété, le Conseil constitutionnel a déclaré cette disposition contraire à la Constitution. Dans la mesure où il s'agit de l'ancien dispositif, la portée de la décision, qui paraît de prime abord assez radicale puisqu'elle revient à priver l'administration d'une garantie de recouvrement très efficace dans un contexte de crise des finances publiques, est néanmoins assez limitée[1].

La seconde décision[2], rendue le même jour que la décision *Igdal*, porte sur le droit de visite des agents des douanes, inscrit à l'article 60 du code des douanes. Cette disposition, issue d'un décret de 1948, était rédigée de manière extrêmement large : « *Pour l'application des dispositions du présent code et en vue de la recherche de la fraude, les agents des douanes peuvent procéder à la visite des marchandises et des moyens de transport et à celle des personnes* ». Le Conseil constitutionnel, tirant argument de l'absence de précisions de ces dispositions, déclare, au visa de l'article 4 DDHC et de la liberté individuelle, que cette disposition, par l'imprécision de ses conditions de mise en œuvre, est contraire à la Constitution. Le Conseil constitutionnel n'a ainsi pas hésité à déclarer inconstitutionnelle cette disposition pourtant essentielle du code des douanes, dans un souci de rationalisation de l'action administrative, dont les conditions étaient trop imprécises, ce qui a donné lieu à de nombreux commentaires[3].

---

1. S. Bernard, Z. Brémond, « Censure du droit de suite attaché au privilège spécial de l'Administration en matière de taxe foncière : un exercice d'équilibrisme réussi », *La revue fiscale du patrimoine*, juillet-août 2022, n° 7, 8.
2. Cons. const., 22 septembre 2022, 2022-1010 QPC.
3. Voir par exemple E. Bonis , « Droit de visite des agents des douanes In : Chronique de droit pénal et procédure pénale (juillet à décembre 2022) », Titre VII [En ligne], avril 2023, n° 10 ; B. Bouloc, « Inconstitutionnalité du droit de visite des agents des douanes », Revue trimestrielle de droit commercial et de droit économique, Décembre 2022, n° 4, p. 895 ; Buisson , « Procédure de saisie douanière et droit constitutionnel : vers une loi conforme au droit commun de la preuve pénale », Procédures, novembre 2022, n° 11, p. 3 ; 51 J-P. Camby, J-E Schoettl, « Le contrôle douanier sous

Hormis ces deux décisions assez fortes cependant, les dispositions de l'article 2 et 4 de la DDHC, si elles sont fréquemment mobilisées, sont assez rarement au fondement d'une déclaration d'inconstitutionnalité.

Il n'en va pas de même des articles 6 et 13 DDHC, au cœur du contentieux fiscal.

---

le contrôle du Conseil constitutionnel », Actualité juridique. Droit administratif, 6 février 2023, n° 4, p. 195 ; E. Cartier, « Archéologie douanière : décision n° 2022-1010 QPC du 22 septembre 2022, M. Mounir S. [Droit de visite des agents des douanes] In : Chronique de droits fondamentaux et libertés publiques (juillet à décembre 2022) », Titre VII [En ligne], avril 2023, n° 10 ; S. Detraz, « Inconstitutionnalité de l'indispensable article 60 du Code des douanes », La Semaine juridique. Édition générale, 10 octobre 2022, n° 40, p. 1841-1844 ; F. Fourment, « Abrogation de l'article 60 du Code des douanes relatif au droit de visite », La Gazette du Palais, 29 novembre 2022, n° 39, p. 50-53 ; J-H. Robert, « Un abrogateur imprudent », *Droit pénal*, décembre 2022, n° 12, pp. 31-32 ; S. Le Roy, « Encadrer sans entraver » : la réforme du droit de visite de la douane », Actualité juridique. Pénal, octobre 2023, n° 10, p. 431 ; S. Trifkovic, « Inconstitutionnalité de l'article 60 du code des douanes », Actualité juridique. Pénal, octobre 2022, n° 10, p. 483.

# Partie 2

## Le socle de la matière fiscale : le principe d'égalité

*Le principe d'égalité devant l'impôt constitue le socle de la matière fiscale dans une démocratie. L'inégalité fiscale était en effet le propre d'une société d'ordres, où l'exonération d'impôt pour la noblesse était un objet de statut*[1]*. A contrario, le principe d'égalité est si ancré dans le texte constitutionnel qu'il représente le premier fondement juridique pour le contribuable quérulent. La multiplication des mesures de niche et d'exonérations ciblées aussi bien destinées à alléger le poids d'une fiscalité lourde pour certaines catégories de contribuables qu'à encourager ou décourager certaines activités économiques a conduit à de nombreux contentieux au nom du principe d'égalité.*

*Ce principe cardinal se décline dans le principe d'égalité devant la loi (article 6 DDHC) et le principe d'égalité devant les charges publiques (art. 13 DDHC), qui, s'ils sont souvent confondus, ont des modalités d'application distinctes*

1. E. de Crouy-Chanel » Le consentement à l'impôt », *Pouvoirs*, 2014/4, n°151, p. 6.

*et impliquent une intensité variable du contrôle du juge constitutionnel. Le principe d'égalité devant la loi consiste à évaluer la différenciation entre contribuables, pour s'assurer qu'elles ne sont pas injustifiées : la dimension comparative y est centrale. Au contraire, le principe d'égalité devant les charges publiques exige une appréciation intrinsèque de la charge fiscale supportée par une catégorie de contribuables*[1].

*Pour le Conseil, le principe d'égalité devant la loi exige un contrôle moins approfondi parce que la création de catégories dépend d'une appréciation politique de la part du Parlement (Chapitre 4). Au contraire, le principe d'égalité devant les charges publiques donne un outil puissant au juge constitutionnel, qui l'exploite modérément, pour contrôler la constitutionnalité de l'imposition de manière plus approfondie, en examinant la rationalité intrinsèque du dispositif législatif (Chapitre 5).*

1. B. Lignereux, *op. cit.*, p. 268.

# 4
# L'égalité devant la loi

Le principe d'égalité devant la loi, malgré son rôle central dans la jurisprudence administrative, demeure résiduel en droit constitutionnel (Section 1) et fait l'objet d'un contrôle restreint de la part du Conseil, qui ne souhaite pas substituer son appréciation à celle du législateur et se contente de censurer des dispositifs qui créent des différences de traitement manifestement injustifiées (Section 2)[1].

## Section 1. Le caractère résiduel du principe d'égalité devant la loi par rapport au principe d'égalité devant les charges publiques

Souvent confondus dans le corps même des décisions du Conseil constitutionnel[2], les principes d'égalité devant la loi et d'égalité devant les charges publiques sont pourtant bien

1. Nous suivons ici en partie l'ordonnancement proposé par l'ouvrage de B. Lignereux, *Précis de droit constitutionnel fiscal*, qui a mis en cohérence des pans entiers de jurisprudence sur le principe d'égalité.
2. A-L. Cassard-Vallembois, R. Vabres (dir.) « QPC et droit fiscal. Les apports croisés du droit fiscal et de la QPC », *Titre VII* [En ligne], Hors-Série « Dix ans de QPC », octobre 2020.

distincts[1], représentant les deux branches de l'égalité devant l'impôt.

En matière fiscale, le principe d'égalité devant les charges publiques est souvent invoqué concomitamment au principe d'égalité devant la loi, de sorte que c'est sur le premier fondement que le juge statue le plus souvent.

Le principe d'égalité devant la loi représente alors la première étape du raisonnement du juge constitutionnel, via un considérant canonique : « *Considérant qu'aux termes de l'article 6 de la Déclaration de 1789, la loi "doit être la même pour tous, soit qu'elle protège, soit qu'elle punisse" ; que le principe d'égalité ne s'oppose ni à ce que législateur règle de façon différente des situations différentes, ni à ce qu'il déroge à l'égalité pour des raisons d'intérêt général, pourvu que dans l'un et l'autre cas, la différence de traitement qui en résulte soit en rapport direct avec l'objet de la loi qui l'établit* ».

Comme l'article 6 DDHC est invoqué en lien avec l'article 13 DDHC, le contrôle exercé par le juge sur le fondement de l'égalité devant la loi reste souvent formel, car il donne une grande latitude au législateur (voir Section 2).

Mais il arrive que le principe d'égalité devant la loi s'autonomise du principe d'égalité devant les charges publiques et soit invoqué en lien avec les principes de légalité des délits et des peines, pour contester une sanction fiscale. L'argument est en général le suivant : la sanction ou la procédure menant à la sanction instituent une différence de traitement injustifiée face à la loi pénale entre les contribuables dans l'hypothèse où l'administration poursuivante peut choisir entre plusieurs sanctions ou entre plusieurs voies de poursuites. C'est particulièrement le cas des sanctions alternatives pour un même manquement, que le Conseil constitutionnel censure sur ce fondement. Dans une décision de 2018[2], il a ainsi censuré

---

1. O. Fouquet, « Le Conseil d'État et le principe d'égalité devant l'impôt », *Les Nouveaux Cahiers du Conseil* constitutionnel, 2011/4, n° 33, pp. 7-14.
2. Cons. const., 16 février 2018, 2017-692 QPC, *Époux B.*

une disposition du Code monétaire et financier qui prévoyait une amende de 750 € pour non-déclaration de comptes bancaires ouverts à l'étranger alors que le CGI prévoyait, pour le même manquement, une amende de 1 500 €. L'existence de sanctions alternatives institue en effet une différence de traitement qui n'est justifiée par aucune différence de situation en rapport avec l'objet de la loi.

L'invocation du principe d'égalité devant la loi en matière pénale se limite néanmoins à ces sanctions alternatives, qui constituent une rupture flagrante du principe d'égalité. Le Conseil n'étend donc pas cette jurisprudence au cumul de sanctions, parce que l'objet de la répression administrative est distinct de la répression pénale. Il a également une appréciation large de la différence de situation, qui lui permet de déclarer conformes des sanctions différenciées. Ainsi, il considère que les contribuables qui ont commis un manquement grave, dont l'imposition est réhaussée à la suite de ce manquement, et qui disposent de crédits d'impôts ou de déficits reportables, sont placés dans une situation différente des autres contribuables, ce qui fonde l'interdiction d'imputer les déficits reportables ou les crédits d'impôts sur la majoration d'impôt[1]. De même, le Conseil valide la différence des amendes encourues entre la non-déclaration d'un compte bancaire ouvert à l'étranger et la non-déclaration d'un trust, au motif qu'il s'agit de situations différentes[2]. Dans cette dernière décision, la différence de situation est fondée sur « *les potentialités différentes de fraude que recèlent les comptes bancaires à l'étranger et les trusts* ». L'objectif à valeur constitutionnelle de lutte contre la fraude fiscale limite ainsi l'invocation du principe d'égalité devant la loi, notamment parce que la lutte contre la fraude est perçue par le Conseil comme un moyen d'assurer l'égalité devant les

1. Cons. const., 16 septembre 2016, 2016-564 QPC, *M. Lucas*.
2. Cons. const., 2016-618 QPC, *Mme Michelle Theresa B.*

charges publiques[1]. Cette tension se retrouve sur le plan de la procédure pénale, où l'invocation de la rupture d'égalité devant la loi pénale n'a pas été plus féconde : le « verrou de Bercy », selon lequel le parquet ne pouvait poursuivre une fraude fiscale qu'après une plainte de l'administration fiscale sur avis conforme de la Commission des Infractions Fiscales (CIF), a été jugé conforme à la lettre du principe d'égalité devant la loi[2]. Selon le Conseil, dans la mesure où le texte n'institue aucune règle de sélection entre les personnes faisant l'objet des poursuites, il n'institue pas de différence de traitement mais renvoie seulement à une règle processuelle de saisine du procureur. Cette interprétation est étonnante dans la mesure où il existe bien une différence de traitement pour le contribuable selon que la CIF rend ou non un avis conforme et résulte de l'angle d'approche du Conseil, qui n'a pas étudié les modalités de fonctionnement de la CIF mais s'est limité aux attributions du procureur de la République[3]. Cette décision de conformité du verrou de Bercy n'a pas empêché le Conseil d'écarter à nouveau le grief de rupture d'égalité devant la loi pénale lors de l'aménagement de celui-ci, lorsque le législateur a prévu un critère de différenciation selon le montant des droits fraudés, un manquement supérieur à 100 000 € assortis de majorations élevées entraînant une dénonciation automatique au procureur de la République quand les manquements inférieurs à ce seuil demeuraient soumis au contrôle de la CIF[4]. La raison en est, pour le Conseil, que l'application des majorations par l'administration est elle-même soumise aux principes d'égalité et de légalité. Cette argumentation ne convainc guère les commentateurs, qui

1. A. Barilari, « L'objectif de valeur constitutionnelle de lutte contre la fraude », *Constitutions*, 2010, p. 284.
2. Cons. const., 22 juillet 2016, 2016-555 QPC, *Karim B.*
3. M. Pelletier, « Droit constitutionnel fiscal : chronique de l'année 2016 », *Revue de droit fiscal*, 23 mars 2017, n°12, comm. 209, §21.
4. Cons. const., 27 septembre 2019, 2019-804 QPC, *AFEP.*

soulignent que l'administration bénéficie de l'opportunité des poursuites (et donc de l'application subséquente des majorations), de sorte qu'il y a bien une différence de traitement entre contribuables selon que des poursuites sont engagées ou non par l'administration[1].

Le principe d'égalité, d'une application limitée pour le contribuable en matière pénale, n'est d'ailleurs pas plus efficace s'il est invoqué de manière autonome ou en lien avec la garantie des droits, parce que le Conseil porte là aussi une appréciation souple de la différence de situation. Ainsi, dans une affaire *Sébastien M.*[2], le contribuable contestait la différence de traitement des plus-values de dirigeants de PME cédant leurs titres (pour lesquels l'abattement instauré en 2006 avait subsisté après la loi de finances de 2012) et la suppression de l'abattement de droit commun. Le Conseil écarte son grief, en remarquant que, puisque le législateur a entendu favoriser en 2006 la transmission des PME par leurs dirigeants, ces derniers sont dans une situation différente des autres contribuables et que par conséquent, cette différence de traitement est en rapport direct avec l'objet de la loi. En d'autres termes, il semble que le choix par le législateur de distinguer une catégorie de contribuables par un traitement spécifique fonde une présomption quasi-irréfragable de différence de situation, alors même que la différence de traitement devrait être la conséquence de la différence de situation[3]. Cette tendance

1. Voir notamment M. Pelletier, « Droit constitutionnel fiscal : chronique de l'année 2018 », *Revue de droit fiscal*, 28 mars 2019, n°13, comm. 213.
2. Cons. const. 15 novembre 2019, 2019-812 QPC, *Sébastien M.*
3. À ce titre, l'on remarque que la différence géographique devient le fondement d'une différence de situation : il est ainsi conforme au principe d'égalité devant la loi de prélever une retenue à la source sur des revenus versés à des non-résidents déficitaires au nom d'une garantie de recouvrement de l'impôt sur les sociétés alors qu'aucun impôt n'est prélevé sur les résidents déficitaires (Cons. const., 6 octobre 2023, 2023-1063 QPC) – voir à ce sujet Ph. Derouin, « Comment tondre un oeuf ? la retenue à la source sur les revenus distribués à des non-résidents déficitaires », *Revue*

argumentative du Conseil renvoie plus fondamentalement à sa déférence pour le législateur, dont il refuse de contrôler la marge d'appréciation.

## Section 2. Le contrôle restreint de l'égalité devant la loi au nom de la liberté d'appréciation du Parlement

Comme présenté dans la Section 1, le contrôle du Conseil en matière d'égalité devant la loi exige d'une part que la différence de traitement se fonde sur une différence de situation ou un objectif d'intérêt général, et d'autre part que la différence de traitement soit en rapport direct avec l'objet de la loi[1].

Contrairement à la formulation du principe d'égalité devant les charges publiques, où le Conseil exige du législateur qu'il pose des critères objectifs et rationnels selon les buts qu'il se propose, l'énoncé du principe d'égalité devant la loi ne fait pas référence à la caractéristique du motif d'intérêt général ou de la différence de situation. Cette différence de formulation annonce un contrôle restreint, sans apprécier en profondeur le motif d'intérêt général. Il ne manque d'ailleurs pas de rappeler dans le cadre de son contrôle que « *le Conseil constitutionnel n'a pas un pouvoir d'appréciation et de décision équivalent au Parlement* »[2].

Cette approche se traduit tout d'abord par une appréciation large des différences de situations admises, qui peuvent porter tant sur les catégories de contribuables que sur les éléments d'assiettes taxés[3].

Du côté des différences entre contribuables personnes morales, le champ des différences de situations est large. Elles

---

*de droit fiscal*, 14 décembre 2023, n° 50, comm. 360.

1. Voir le considérant dans la section 1 du présent chapitre.

2. Par exemple : Cons. const., 17 septembre 2010, 2010-28 QPC, *Association sportive FC Metz*, cons. 8.

3. B. Lignereux, *op. cit.*, p. 271 s.

peuvent se fonder sur la différence liée au statut de personne publique ou privée, l'exercice d'une mission de service public[1] ou le statut de droit public[2] pouvant justifier des avantages fiscaux. Un autre fondement admis est la différence sur le secteur d'activité[3] : dans le secteur textile-habillement par exemple, les entreprises industrielles bénéficient d'un crédit d'impôt recherche dont sont exclues les entreprises commerciales[4]. Les différences en matière de taille et de niveau d'activité[5] ainsi que selon la forme juridique[6] sont également acceptées.

Du côté des contribuables personnes physiques, les différences de situation reposent sur des différences de niveaux de revenus, qui peuvent notamment justifier des différences de traitement défavorables aux ménages aisés[7], des différences de catégories professionnelles[8].

1. Cons. const., 15 décembre 2017, 2017-681 QPC, *SCI Marlin* (à propos de l'exonération sur la taxe des locaux à usage de bureaux pour les établissements d'enseignement public)
2. Cons. const., 14 novembre 2014, 2014-425 QPC, *Société mutuelle Saint-Christophe* (taux réduit pour la taxe sur les contrats d'assurance contre le risque incendie pour les établissements publics d'assistance).
3. V. Bied-Charreton, *op. cit.*, p. 50 : quatre secteurs supportent la moitié des taxes à faible rendement (le secteur financier, l'industrie pharmaceutique, l'agriculture et les transports).
4. Cons. const., 27 janvier 2017, 2016-607 QPC, *Société Bonneterie Rafco.*
5. Mesuré par exemple selon le nombre d'employés – voir Cons. const., 3 octobre 2017, 2016-657 QPC, *Société Valéo systèmes de contrôle moteur* (à propos d'une différence de contribution au financement de l'allocation logement, dont le montant change au seuil de 20 salariés).
6. Par exemple la différence entre société cotée et non cotée au regard des seuils de conservation des titres pour bénéficier du régime Dutreuil pour l'ISF – voir Cons. const., 31 juillet 2003, 2003-477 DC, *Loi pour l'initiative économique.*
7. Cons. const., 21 décembre 2017, 2017-756 DC, *Loi de financement pour la sécurité sociale de 2018.*
8. Cons. const., 5 avril 2013, 2013-301 QPC, *Mme Annick D.* (validation de l'exonération de cotisations vieillesse réservée aux seuls artisans, industirels ou commerçants) ou Cons. const., 28 décembre 1990, 90-285

Enfin, concernant les différences tenant à l'assiette taxée, les différences de situation peuvent concerner tant la nature des revenus[1] que des biens[2].

Cette largesse du Conseil va de pair avec son refus de contrôler la cohérence du système fiscal, toujours dans un souci de déférence vis-à-vis du législateur. Au regard de l'égalité devant la loi, la différence de situation est appréciée isolément pour chaque impôt[3]. C'est par exemple ce qui justifie la démarche du Conseil, lorsqu'il isole l'impact de la taxe sur les salaires – au lieu de prendre en compte les effets de cette taxe avec les autres impôts sur le chiffre d'affaires[4].

Le Conseil peut aussi, lorsque l'invocation de l'atteinte à l'égalité devant la loi et l'égalité devant les charges publiques sont conjointement invoquées, se placer uniquement sur le premier terrain, pour lequel son contrôle est plus restreint : est ainsi constitutionnelle la différence de traitement fiscale entre un agent public qui bénéficie d'une rupture conventionnelle (exonération) et celui qui est licencié (imposition) ou entre un agent public qui est licencié (imposition) et un salarié du secteur privé licencié (exonération partielle), dès lors que la situation de l'agent public licencié est différente à la fois d'un salarié du secteur privé (solution classique de la différence entre secteur public et privé[5]) mais surtout d'un

DC, *Loi de finances pour 1991*. (différence entre salariés et indépendants vis-à-vis de la CSG).

1. Un panorama en est dressé – voir B. Lignereux, *op. cit.*, p. 283.
2. Cons. const., 24 février 2017, 2016-612 QPC, *SCI Hyéroise* (par exemple, la différence entre un local d'habitation et une place de parking au regard du dégrèvement de taxe foncière pour les locaux vacants).
3. B. Lignereux, *op. cit.*, p. 286.
4. Cons. const., 17 septembre 2010, 2010-28 QPC, *Association Sportive FC Metz.*
5. Voir également Cons. const., 25 novembre 2022, 2022-1026 QPC, qui considère qu'une association (assujettie) est dans une situation différente s'agissant de la taxe sur la création de bureaux d'une personne publique

salarié qui bénéficie d'une rupture conventionnelle[1].

Malgré l'appréciation large du Conseil, il est possible qu'aucune différence de situation ne soit constituée entre contribuables.

Le législateur peut alors se fonder sur un objectif d'intérêt général pour déroger à l'égalité devant la loi. Le juge constitutionnel n'en vérifie l'existence que si aucune différence de situation ne se manifeste et admet assez largement que les objectifs poursuivis par le législateur au vu des travaux parlementaires justifient une différence de traitement. Pour le Conseil, comme le souligne B. Lignereux : « *c'est d'abord au législateur de décider des objectifs d'intérêt général qu'il entend poursuivre* »[2].

Le Conseil accepte donc tant les objectifs de nature économique[3], environnementale[4] que ceux relevant de la lutte contre la fraude fiscale[5] ou l'objectif de maintien du régime

(exonérée) dès lors que l'une est une personne privée et l'autre une personne publique, qui sont donc par nature dans une situation différente.

1. Cons. const., 27 janvier 2023, 2022-1033 QPC.

2. B. Lignereux, *op. cit.*, p. 293.

3. Par exemple inciter à la constitution de groupes nationaux avec l'intégration fiscale : Cons. const., 13 avril 2018, 2018-699 QPC, *Société Life Science Holdings.*

4. La justification de l'exonération des propriétés forestières de l'ISF repose ainsi sur le fait qu'elles « *présentent un intérêt particulier pour l'environnement* » selon Cons. const., 28 décembre 2017, 2017-758 DC, *Loi de finances pour 2018.*

5. Cons. const., 26 novembre 2010, 2010-70 QPC, *M. Pierre-Yves M.* À cet égard, l'objectif constitutionnel de lutte contre la fraude et l'évasion fiscale permet de s'affranchir, pour le Conseil, de l'appréciation des facultés contributives. V. par exemple Cons. const., 15 octobre 2021, 2021-939 QPC : l'imposition au taux de 60 % le solde maximal de comptes bancaires ou d'assurance vie détenus à l'étranger non déclarés à l'administration est justifiée par cet objectif, quand bien même l'imposition n'a pas de rapport avec les facultés contributives puisque la somme dont le contribuable a eu la disposition peut être bien inférieure au montant maximal – cette décision est d'autant plus étonnante que la CJUE s'est prononcée quelques

antérieur par loyauté envers les contribuables[1].

Si la logique financière de rendement peut être admise, c'est un des rares motifs à faire l'objet d'un contrôle strict, qui donne lieu à des censures pour rupture d'égalité devant la loi. Ainsi, à propos de la contribution de 3 % sur les dividendes distribués, le Conseil a jugé dans une décision *SOPARFI*[2] que l'objectif de rendement de la contribution ne constituait pas une raison d'intérêt général de nature à justifier la différence de traitement instituée entre les sociétés mères redistribuant des dividendes provenant d'une filiale installée dans un État de l'UE et celles redistribuant des dividendes provenant d'une filiale française ou installée dans un État tiers. Tous les motifs constituent donc possiblement un motif d'intérêt général, à l'exception des motifs financiers purs.

Une fois la différence de situation admise ou l'objectif d'intérêt général identifié, le contrôle de l'égalité devant la loi exige encore que cette différence de situation ou cet objectif d'intérêt général ait un rapport avec l'objectif de la loi qui l'établit.

C'est au niveau de ce contrôle que se manifeste le caractère formel du contrôle du Conseil, qui ne prononce que rarement une censure, dans les cas où les conditions du dispositif fiscal ne sont manifestement pas en cohérence avec l'objectif poursuivi – c'est-à-dire des cas où l'incohérence est frappante.

En matière de fiscalité des particuliers, le Conseil a ainsi déclaré contraires à la Constitution la condition de domiciliation fiscale des deux époux en Nouvelle-Calédonie pour obtenir le bénéfice du quotient conjugal[3] ou la limitation de

---

mois plus tard sur le régime fiscal espagnol relatif aux actifs détenus à l'étranger, très proche de ce dispositif, et l'a déclaré contraire au droit de l'Union (CJUE, 27 janvier 2022, C-798/19).

1. Cons. const., 17 juillet 2015, 2015-475 QPC, *Société Crédit Agricole*.
2. Cons. const., 6 octobre 2017, 2017-660 QPC, *SOPARFI*.
3. Cons. const., 10 mai 2016, 2016-539 QPC, *Mme Eve G.*

l'exonération d'impôt sur le revenu aux rentes viagères liées à un accident du travail en exécution d'une décision de justice[1].

Dans le premier cas, l'objectif du dispositif étant de neutraliser les effets favorables qui résulteraient de l'application du quotient conjugal aux seuls revenus imposables en Nouvelle-Calédonie. Or, ce dispositif conduisait à priver le contribuable résidant en Nouvelle-Calédonie du quotient conjugal, même dans l'hypothèse où le conjoint résidant en métropole n'aurait aucun revenu. Le dispositif étant contraire à l'objectif qu'il affirme poursuivre, le Conseil conclut à une violation de l'égalité devant la loi puisque « *la différence de traitement instituée n'est pas justifiée par une différence de situation en rapport avec l'objectif poursuivi de neutralisation de l'effet du quotient conjugal* »[2].

Dans le second cas, l'objectif du régime d'exonération des rentes viagères est de faire bénéficier d'un régime fiscal favorable les personnes bénéficiant d'une rente en réparation d'un préjudice né d'une incapacité permanente ou totale. Instaurer une différence de traitement selon que la rente provient d'une décision de justice (exonération) ou d'une transaction (pas d'exonération) était donc contraire à l'égalité devant la loi et a débouché sur la censure du dispositif.

La même grille de raisonnement s'applique à la fiscalité des entreprises : l'imposition en matière de CVAE qui traitait différemment les sociétés membres d'un groupe, selon qu'elles appartiennent ou non à un groupe fiscalement intégré, a été déclaré contraire au principe d'égalité devant la loi[3]. En effet, l'objectif du législateur était de limiter les restructurations des groupes de société aux fins d'optimiser le montant de CVAE. Cet objectif est tout à fait admissible et l'établissement d'un lien entre le régime des groupes de

1. Cons. const., 23 novembre 2018, 2018-747 QPC, *Kamel H.*
2. Cons. const, 10 mai 2016, 2016-539 QPC, *Mme Eve G.*
3. Cons. const., 19 mai 2017, 2017-629 QPC, *Société FB Finance.*

sociétés, plus susceptibles par nature de se restructurer, et les modalités de calcul différentes pour ces groupes correspondait aux objectifs poursuivis par la loi. En revanche, la différence instaurée entre les groupes relevant du régime de l'intégration fiscale et les autres n'était pas en rapport avec l'objectif poursuivi, de sorte que la disposition en cause a été déclarée inconstitutionnelle. Un raisonnement similaire a été suivi pour déclarer contraire à la Constitution l'exonération de la « contribution 3 % » réservée aux seuls groupes fiscalement intégrés[1].

La fiscalité environnementale a également donné lieu au contrôle de cohérence du dispositif législatif, qui peut se montrer favorable ou défavorable au contribuable professionnel. Ainsi, à propos de la taxe sur les boues, le Conseil a exonéré de taxe les boues que le producteur n'a pas l'autorisation d'épandre par une réserve d'interprétation : puisque l'objet de la mesure est d'encourager l'épandage, les taxer serait sans rapport avec l'objectif de la loi puisque la modification du comportement du contribuable serait illégale[2]. Dans le cas du taux réduit de taxe générale sur les activités polluantes (TGAP) pour les déchets produisant du biogaz, il a émis une réserve sur l'imposition au taux réduit des déchets insusceptibles de produire du biogaz mais réceptionnés par des installations qui en produisent : l'application de ce taux devait être réservé aux déchets produisant du biogaz et exclure les déchets qui ne peuvent en produire et pour lesquels un taux réduit était applicable au motif qu'ils étaient apportés à ces installations[3].

Cependant, l'objectif poursuivi par un dispositif fiscal n'est pas toujours évident, d'autant moins évident que la fré-

1. Cons. const., 30 septembre 2016, 2016-571 QPC, *Layher SAS*.
2. Cons. const., 8 juin 2012, 2012-251 QPC, *COPACEL*.
3. Cons. const., 17 septembre 2015, 2015-482 QPC, *SA Gurdebeke*.

nésie législative en matière fiscale a tendance à l'obscurcir[1]. Le Conseil constitutionnel cherche alors dans les travaux parlementaires la trace de l'objectif poursuivi, qu'il reprend soit de manière littérale, soit de manière constructive, dans le sens des intérêts de l'administration fiscales qui est à l'origine des dispositions, montrant bien ainsi que son rôle se limite au contrôle de l'erreur manifeste d'appréciation. Le contentieux sur la taxe en matière de boissons énergisantes est édifiant en la matière. Lors de son contrôle *a priori* dans le cadre de l'examen de la loi de financement pour la sécurité sociale de 2013, le Conseil la déclare contraire à la Constitution[2], parce que le législateur entendait lutter contre l'alcoolisme chez les jeunes et que la taxe s'appliquait aux boissons énergisantes sans alcool, ce qui constitue l'exemple classique de la disposition sans rapport avec l'objectif poursuivi. La taxe a été réintroduite l'année suivante, avec un motif légèrement différent : la protection de la santé publique par la prévention des effets sur la santé des boissons provoquant une addiction à la caféine[3]. Cette fois le Conseil déclare que la taxe n'est pas contraire à la Constitution au regard de l'égalité devant la loi, au motif que la différence instituée selon la teneur en caféine des boissons est en cohérence avec l'objectif poursuivi[4]. Le Conseil répond même au requérant, qui soulevait la méconnaissance par le législateur de l'autorité de la chose jugée attachée aux décisions du Conseil – puisque la taxe avait essentiellement les mêmes caractéristiques que la taxe inconstitutionnelle – que ces dispositions ont un objet différent de celui des dispositions censurées.

1. Nous renvoyons sur ce point à M. Taly, *Les coulisses de la politique fiscale*, PUF, 2016 et à V. Bied-Charreton, *op. cit.*
2. Cons. const., 13 décembre 2012, 2012-659 DC, *Loi de financement de la sécurité sociale pour 2013.*
3. B. Lignereux, *op. cit.*, p. 307.
4. Cons. const., 19 septembre 2014, 2014-417 QPC, *Société Red Bull On Premise.*

L'appréciation par le Conseil de l'égalité devant la loi est donc restreinte et suffit rarement, hors cas flagrants, à permettre le prononcé de la censure de dispositions législatives. Dans les cas de la plupart des régimes fiscaux, complexes, le Conseil adjoindra ainsi au principe d'égalité devant la loi le principe d'égalité devant les charges publiques, qui lui permet de s'immiscer dans la rationalité de l'action du législateur.

# 5

# L'égalité devant les charges publiques

Le principe d'égalité devant les charges publiques est l'outil le plus efficace pour le contrôle de l'imposition par le juge constitutionnel, qui peut aller plus loin que sur le fondement de l'égalité devant la loi, en contrôlant l'objectif que poursuit le législateur (Section 1) allant même parfois jusqu'à substituer son appréciation à celle du législateur, selon les buts que celui-ci poursuit (Section 2).

## Section 1. Le contrôle de la rationalité des critères du législateur et l'appréciation variable des facultés contributives

Les origines du principe d'égalité devant les charges publiques sont à trouver du côté du Conseil d'État, lorsque des contribuables ont voulu contester des décisions prises en matière fiscale par les autorités fiscales dans l'ancien empire colonial ou les territoires d'outre-mer[1]. On trouve ainsi dans la jurisprudence administrative des décisions statuant sur le principe « d'égalité fiscale » dans un contentieux à propos de la création d'une taxe sur les véhicules par l'administra-

1. B. Lignereux, *op. cit.*, p. 714.

teur de Hanoï[1], sur l'égalité devant l'impôt à propos de la contestation du traitement différent en matière de patente des Français et étrangers habitant à Madagascar[2] ou d'un arrêté du gouverneur de l'AOF qui soumettait les biscuits à une imposition plus élevée lorsqu'ils étaient fabriqués en AOF plutôt qu'importés[3].

S'inscrivant dans cette tradition de jurisprudence administrative, le Conseil constitutionnel s'est longtemps montré déférent face à l'action du législateur, en se limitant à contrôler une différence de situation ou un objectif d'intérêt général en rapport avec l'objet de la loi, comme le fait le Conseil d'État dans son appréciation du principe d'égalité[4].

Il a ensuite progressivement introduit un contrôle de la rationalité de l'action législative. Dès une décision de 1983[5], il valide une disposition au motif que le législateur s'est fondé sur des critères objectifs et rationnels. À partir des années 2000[6], il a ensuite explicitement rattaché cette exigence de rationalité à l'égalité devant les charges publiques, énoncée à l'article 13 DDHC. Certains auteurs regrettent ce tournant, considérant qu'il marque le moment où le Conseil se donne pour rôle « *de reconstruire les intentions prêtées au législateur de manière discutable* »[7]. Certaines décisions ont en effet pu surprendre par l'intensité du contrôle exercé, comme la décision sur la taxe carbone en 2009. Lors de sa présentation, le dispositif représentait une nouveauté considérable, qui s'était heurtée à une forte opposition des milieux indus-

1. CE, 5 mai 1922, 58355, *Fontan*.
2. CE, 23 novembre 1936, 25892, *Sieurs Abdoulhoussen*.
3. CE, sect., 4 février 1944, *Sieur Guiyesse*.
4. M. Collet, *op. cit.*, chap. 3.
5. Cons. const., 29 décembre 1983, 83-164 DC, *Loi de finances pour 1984* – voir B. Lignereux, *Précis de droit constitutionnel fiscal*, Lexis Nexis, 2020, p. 313.
6. B. Lignereux, *Précis de droit constitutionnel fiscal*, Lexis Nexis, 2020, p. 314.
7. M. Collet, *op. cit.* chap. 3.

triels, lesquels mettaient en avant les coûts que représenterait une telle taxe. Ils avaient donc obtenu une entrée en vigueur échelonnée et de nombreuses exonérations, de sorte que 93 % des émissions industrielles étaient exclus du champ de la taxe. Procédant au contrôle de la rationalité du dispositif, le Conseil constitutionnel le déclare contraire à la Constitution, relevant que des critères conduisant à exclure 93 % des émissions industrielles de la contribution ne pouvaient être cohérents avec l'objectif affiché de protection de l'environnement[1] parce qu'ils inversaient en un sens l'exception et la règle[2] (la taxe aurait été limitée en pratique au carburant et aux produits de chauffage)[3].

Néanmoins, s'il est plus approfondi que le contrôle de l'égalité devant la loi, ce contrôle se restreint dans son principe à un contrôle de l'erreur manifeste : comme l'exprime le commentaire officiel de la décision *Gérard S.*[4], « *il ne s'agit pas de comparer les critères possibles entre eux mais d'examiner si celui retenu par le législateur n'est pas arbitraire* »[5].

Dans cette perspective, les décisions rendues dans le cadre du contrôle *a priori* sont marquées par une présomption de conformité, qui conduit à admettre la rationalité de critères très variés, même pour un objectif de rendement budgétaire. Ainsi, alors que des parlementaires contestaient une majo-

1. Cons. const., 29 décembre 2009, 2009-599 DC, *Loi de finances pour 2010.*
2. A. Barilari, « Le principe d'égalité devant l'impôt », *Constitutions*, 2010, p. 210.
3. Relevons néanmoins que le Conseil n'a pas poursuivi sur cette lancée s'agissant des biocarburants : dans un contentieux où les requérants reprochaient aux dispositions législatives d'imposer plus lourdement certains biocarburants (biocarburants dits « avancés »), plus bénéfiques à l'environnement, que les biocarburants traditionnels, ce qui paraissait incompatible avec l'objectif du législateur, le Conseil constitutionnel a écarté le grief fondé sur l'atteinte au principe d'égalité devant les charges publiques (Cons. const., 19 novembre 2021, 2021-946 QPC).
4. Cons. const., 16 juin 2017, 2017-638 QPC, *Gérard S.*
5. Cité dans B. Lignereux, *op. cit.*, p. 315.

ration de la taxe sur les surfaces commerciales à partir de 2500 mètres carrés de vente, le Conseil répond que, puisque la finalité de la loi était le rendement budgétaire, le critère choisi est objectif et rationnel à la lumière de ce but[1].

Les décisions rendues en QPC respectent aussi cette tendance, qui se manifeste en premier lieu par le faible nombre de déclarations d'inconstitutionnalité. Dans ce cadre, le Conseil rappelle qu'il examine la situation du contribuable impôt par impôt, sans contrôler la cohérence du système fiscal[2].

Il admet une large marge d'appréciation. Dans une décision *SA PSG Football*[3] à propos de l'impôt sur les spectacles, perçus sur les compétitions sportives à grand public, pour lequel les communes peuvent exonérer tout ou partie des compétitions sportives qui s'y déroulent, le juge constitutionnel admet la rationalité des critères d'exonération, au motif que la liberté laissée aux collectivités repose sur la détermination des catégories homogènes de sports exonérés, qui est conforme à l'objectif du législateur de permettre aux communes de développer les événements sportifs sur leur territoire. Dans une décision *Société SIACI Saint-Honoré SAS*[4] concernant la contribution patronale sur les retraites chapeau, le fait que la contribution additionnelle s'applique au versement de rentes excédant 8 fois le plafond annuel de la sécurité sociale a été considéré comme un critère objectif et rationnel au regard de l'objet de la loi qui entendait soumettre les rentes les plus importantes à un montant élevé. À l'excep-

1. Cons. const., 29 décembre 2014, 2014-708 DC, *Loi de finances rectificative pour 2014.*
2. Cons. const. 17 septembre 2010, 2010-28 QPC, *Association sportive FC Metz.*
3. Cons. const., 20 avril 2012, 2012-238 QPC, *SA PSG Football.*
4. Cons. const., 20 novembre 2015, 2015-498 QPC, *Société SIACI Saint-Honoré SAS.*

tion de la décision taxe carbone, le contrôle de la rationalité des objectifs du législateur est donc resté assez prudent.

La garantie principale qu'implique le contrôle de l'égalité devant les charges publiques consiste dans le développement récent d'un contrôle global de l'imposition excessive au regard de l'ensemble des revenus.

Selon le Conseil, s'il revient au législateur de fixer les critères de détermination des facultés contributives, celles-ci ne sauraient être confiscatoires sans méconnaître l'égalité devant les charges publiques[1].

Il a ainsi pu juger dans une décision de 2011 que ce caractère confiscatoire peut découler de l'irrationnalité du critère d'imposition : le fait de majorer de 50 % les revenus du contribuable s'il remplit six éléments du train de vie figurant dans le barème de l'article 168 du CGI (une forme d'imposition sur les signes extérieurs de richesse) n'est pas rationnel et fait peser une charge excessive sur le contribuable, sans rapport avec ses revenus[2].

Mais c'est surtout une décision de 2012 rendue dans le cadre du contrôle *a priori* qui a fait naître des espoirs sur l'émergence d'un nouveau mode de contrôle de l'imposition confiscatoire. Le Conseil a en effet censuré une taxe au taux marginal de 75 % au motif qu'elle était confiscatoire : en s'ajoutant aux autres impositions supportées par le contribuable

1. Le considérant de principe sur l'égalité devant les charges publiques énonce ainsi : « *qu'en vertu de l'article 34 de la Constitution, il appartient au législateur de déterminer, dans le respect des principes constitutionnels et compte tenu des caractéristiques de chaque impôt, les règles selon lesquelles doivent être appréciées les facultés contributives* ». Dans le cas où le Conseil contrôle le caractère confiscatoire de l'imposition, il est précédé de l'incise suivante : « *que cette exigence ne serait pas respectée si l'impôt revêtait un caractère confiscatoire ou faisait peser sur une catégorie de contribuables une charge excessive au regard de leurs facultés contributives* » – voir par exemple Cons. const., 21 janvier 2011, 2010-88 QPC, *Mme Danièle B.*
2. Cons. const., 21 janvier 2011, 2010-88 QPC, *Mme Danièle B.*

(IR et CSG) elle représentait une charge disproportionnée[1]. Il a ensuite confirmé que le contrôle de l'imposition confiscatoire reposait sur la prise en compte de l'ensemble des impôts payés par le contribuable sur un même revenu[2]. Dans les cas d'imposition confiscatoire, le contribuable revient donc sur sa jurisprudence antérieure, où il considérait la charge d'impôt en isolant chaque imposition, pour faire masse de tous les prélèvements frappant un revenu.

Il ne faut cependant pas en déduire que le Conseil sanctionne systématiquement une imposition dont le taux marginal est supérieur à 70 %. La jurisprudence récente semble marquer un infléchissement défavorable au contribuable : dans une décision de 2019 [3] portant sur des revenus de capitaux mobiliers réputés distribués qui pouvaient être imposés jusqu'à un taux de 73,6 %, le Conseil a considéré que ce taux ne faisait pas supporter une charge excessive au contribuable, notant qu'ils s'appliquent à « *de hauts niveaux de revenus imposables* ». Selon le commentaire officiel, la raison en est que le Conseil prend en compte la nature des revenus : pour des revenus frauduleusement soustraits à l'impôts (comme ceux versés dans un ETNC), il admettait déjà des taux de prélèvements extrêmement élevés de 75 %[4]. Autrement dit, l'objectif constitutionnel de lutte contre la fraude fiscale justifie ce niveau de prélèvement dissuasif. En revanche, comme le souligne Stéphane Austry, la référence aux « *hauts niveaux de revenus* » laisse pour le moins perplexe puisque, par construction, les taux marginaux les plus élevés, qui représentaient le standard d'analyse de l'impôt confiscatoire, s'appliquent aux niveaux de revenus les plus élevés[5]…

1. Cons. const., 29 décembre 2012, 2012-662 DC, *Loi de finances pour 2013*.
2. Cons. const., 26 juin 2015, 2015-473 QPC, *Époux P.*
3. Cons. const., 28 juin 2019, 2019-793 QPC, *Époux C.*
4. B. Lignereux, *op. cit.*, p. 218.
5. S. Austry, « Chronique de droit économique et fiscal », *Titre VII,*

À ce titre, le contrôle des facultés contributives est généralement neutralisé par la définition très extensive de ce qui constitue un revenu dont le contribuable a la libre disposition, comme le montrent trois exemples marquants issus de la jurisprudence récente :

- De manière générale, lorsque le contribuable reverse contractuellement une grande partie du revenu qu'il reçoit, il est considéré comme ayant la libre disposition de ce revenu, de sorte qu'il n'y a pas d'atteinte à l'égalité devant les charges publiques (Cons. const., 25 juin 2021, 2021-921 QPC). Dans ce cas, il est considéré par le Conseil constitutionnel que l'imposition de la totalité de la somme perçue, malgré un reversement partiel, se justifie dès lors que le reversement est contractuel. Cette décision illustre d'ailleurs, selon la doctrine, « *une tendance de fond par laquelle le Conseil constitutionnel entreprend de restreindre la portée des exigences dérivant de l'article 13 de la Déclaration* »[1].
- Lorsque le prix effectivement perçu par le contribuable lors de la vente de titres diffère du prix convenu, par exemple parce qu'il consent un crédit-vendeur (dans le cadre de la vente d'un fonds de commerce, ce mécanisme permet à l'acquéreur de payer le prix de vente sur trois ans en général, avec une clause indexant le prix sur le résultat de l'entreprise au cours de ces trois ans), le Conseil considère que le revenu imposable correspond au prix stipulé l'année de la transaction, quand bien-même ce prix effectivement perçu serait plus faible (du fait de l'indexation ou de l'impossibilité pour l'acquéreur de payer l'intégralité du prix), sans que le contribuable ne puisse obtenir la décharge en cas d'ajustement à la baisse (Cons. const., 14 janvier 2022, 2021-962 QPC). Le

2019/2, n°3, p. 128.

1. M. Pelletier, « Droit constitutionnel fiscal : chronique de l'année 2021 », *Revue de droit fiscal*, 25 mars 2022, n°12, 153, p. 7.

contribuable est ainsi réputé disposer d'un revenu dont il ne dispose pas en totalité[1].

▶ Concernant les droits de mutation à titre gratuit, depuis la réforme de 2006, l'héritier réservataire n'a qu'une créance lorsque le défunt a gratifié un légataire au-delà de la quotité disponible. Si un légataire qui a porté atteinte à la réserve ne dédommage pas l'héritier, celui-ci doit exercer une action en réduction pour faire valoir ses droits et recevoir ce qui correspond à la réserve héréditaire. Au niveau fiscal, il doit cependant acquitter les droits sur la part qui lui revient du fait de la réserve héréditaire, quand bien même il ne dispose pas matériellement de la somme correspondant à la réserve héréditaire (Cons. const., 1er juin 2023, 2023-1051 QPC). Cette solution, conforme à la nature de l'action en réduction[2], est néanmoins sévère sur le plan pratique puisqu'elle conduit l'héritier à acquitter un impôt assis sur ce qui n'est qu'une créance à la date où l'impôt doit être payé.

En ce qui concerne spécifiquement la fiscalité des entreprises, la garantie contre l'imposition confiscatoire s'applique également en théorie mais n'a jamais donné lieu à aucune censure. Comme le remarque le commentaire officiel de la décision *Société Sablières de l'Atlantique*[3] : « *L'absence de caractère confiscatoire de l'imposition ou l'absence de charge excessive au regard des facultés contributives (les deux notions étant équivalentes) constitue une garantie bénéficiant, en principe, tant aux personnes physiques qu'aux personnes morales. Toutefois, si la jurisprudence est fournie et relativement précise*

1. J-L Pierre, « L'imposition du contribuable, dans la situation d'une cession de droits sociaux pour laquelle tout ou partie du prix n'est pas perçu », Revue de droit fiscal, 11 mai 2022, n° 19, 7 p.
2. F. Fruleux, « Obligations fiscales de l'héritier réservataire créancier d'une indemnité de réduction : état du droit positif, pratiques et recommandations », Revue de droit fiscal, 14 décembre 2023, n° 50, 1230.
3. Cons. const., 7 février 2020, 2019-825 QPC, *Société Sablières de l'Atlantique.*

*pour les premières (elle consiste, pour l'essentiel, à additionner les taux marginaux d'imposition pesant sur le revenu et à se demander s'il en résulte un niveau excessif), pour les secondes, il ne détermine pas explicitement les critères à prendre en compte et n'a jamais donné lieu à censure* »[1]. Cette affaire aurait pourtant été l'occasion pour le Conseil de le préciser puisqu'était en cause la redevance d'archéologie préventive, dont le montant est de 32 centimes par $m^2$. Ce montant est symbolique pour les constructions au sol mais, dans le cas de la société requérante dont l'activité consiste à construire des installations sous-marines, il pouvait être très élevé puisque la redevance s'applique aussi dans les fonds marins. Le Conseil constitutionnel exclut que cette imposition soit confiscatoire, à partir notamment de l'idée qu'une entreprise qui supporte une charge fiscale peut la reporter sur ses clients sans modifier son équilibre économique. Cette conception discutable de l'activité économique dans une économie de marché est la raison pour laquelle le Conseil constitutionnel considère en général que l'imposition des entreprises, qui peuvent refacturer leurs coûts au client, est moins fréquemment susceptible de représenter une charge excessive.

Sur le fondement de l'égalité devant les charges publiques, le Conseil approfondit donc son contrôle par rapport à l'égalité devant la loi, dans des proportions qui restent modestes et, hormis quelques décisions marquantes, écarte en général les moyens fondés sur l'imposition confiscatoire. Il y a néanmoins des champs où le Conseil a pu aller plus loin dans son contrôle : la fiscalité incitative et les discriminations issues du droit de l'UE.

1. B. Lignereux, *op. cit.*, p. 220.

## Section 2. Le contrôle approfondi des effets de la loi fiscale

Le principe d'égalité devant les charges publiques permet d'accroître le contrôle du Conseil sur les dispositifs législatifs incitatifs en reconstruisant leur rationalité (1). Mêlé au principe d'égalité devant la loi, il autorise aussi une censure de la discrimination à rebours, qui constituait sans doute l'apport le plus original de la jurisprudence constitutionnelle récente à la matière fiscale avant le tarissement de cette tendance devant ses conséquences budgétaires (2).

### 1. L'encadrement accru de la fiscalité comportementale et des avantages fiscaux

Comme le soulignent les commentateurs, le contrôle du Conseil constitutionnel est plus approfondi en ce qui concerne la fiscalité incitative qu'en ce qui concerne les mesures de rendement[1].

Pour le contrôle de la fiscalité de rendement, le Conseil se limite à l'erreur manifeste d'appréciation. Dans le contrôle de la fiscalité comportementale, il exerce un contrôle plus approfondi : « *En matière de fiscalité incitative, le Conseil constitutionnel développe un contrôle plus approfondi qu'en matière de fiscalité de rendement. Dès lors que le but du législateur est de susciter un comportement, le Conseil constitutionnel vérifie que l'assiette et le taux sont en adéquation avec l'objectif poursuivi par la loi. Le Conseil, sans se substituer au Parlement dans l'appréciation de l'opportunité du régime fiscal en cause, opère un contrôle qui va au-delà de la simple erreur manifeste d'appréciation* »[2].

1. B. Lignereux, *op. cit.*, p. 329.
2. Commentaire aux Cahiers de la décision 2017-758 DC.

La démarche du Conseil s'inscrit dans le prolongement de son approche de contrôle de rationalité de la législation fiscale.

D'une part, accorder un avantage fiscal ou instaurer une pénalité fiscale pour encourager certains comportements porte par nature atteinte à l'égalité devant les charges publiques puisque l'imposition diffère selon le comportement des contribuables. D'autre part, l'avantage fiscal ou la mesure de fiscalité comportementale ont un objectif plus explicite qu'une simple mesure de rendement : la rationalité du critère choisi peut se mesurer directement à sa capacité d'encourager (ou de décourager) effectivement les comportements selon qu'ils soient vertueux ou nuisibles.

Certains auteurs le déplorent, pointant un risque supplémentaire pour la fiscalité écologique[1]. C'est en effet en matière d'imposition environnementales que le Conseil a l'occasion de censurer des dispositions incitatives dans le cadre du contrôle *a priori*, parce que les dispositifs prévoient des exonérations injustifiées, qui font peser la charge de la mesure sur certains contribuables seulement. Outre l'épisode de la contribution carbone de 2009[2], le Conseil a également censuré en 2013 le bonus-malus énergie[3], parce que le dispositif prévoyait d'exclure les consommations professionnelles, ce qui faisait reposer (comme pour la taxe carbone) l'essentiel de la charge fiscale sur les ménages.

À propos de la TGAP déchets, le Conseil a eu l'occasion de rappeler l'exigence de rationalité renforcée qui s'applique aux mesures comportementales. La taxe avait pour objet de taxer les activités polluantes pour en limiter le développement. De manière cohérente avec l'objectif poursuivi, le législateur

1. M. Collet, *op. cit.*, chap. 7.
2. Voir Section 1 du présent chapitre.
3. Cons. const., 11 avril 2013, 2013-666 DC, *Loi visant à préparer la transition vers un système énergétique sobre et portant diverses dispositions sur la tarification de l'eau et des éoliennes.*

avait donc assujetti à cette taxe les exploitants d'installation de stockage de déchets ménagers et de déchets industriels. Il n'avait pas assujetti à la taxe les installations destinées à recevoir des déchets inertes (comme les gravats), au motif qu'ils ne sont pas par eux-mêmes polluants mais avait assujetti à une taxe les déchets inertes stockés dans des installations de stockage pour déchets ménagers. Pour éviter une rupture d'égalité devant les charges publiques selon que les mêmes déchets inertes étaient stockés dans une installation dédiée (exonération) ou dans une installation pour déchets ménagers (taxation), le Conseil a émis une réserve d'interprétation pour exclure les déchets inertes de la taxe : le déchet inerte, par lui-même non polluant, ne devient pas polluant parce qu'il est stocké dans une installation pour déchets ménagers[1].

Ce contrôle n'est cependant pas limité aux questions environnementales et s'étend à tous les domaines où le législateur entend orienter les comportements, soit par une pénalisation, soit par un avantage fiscal. C'est par exemple le cas en matière de santé publique. Dans le contentieux *Red Bull on Premise* déjà présenté[2], le législateur n'a pas invalidé la taxe sur les boissons énergisantes dans son intégralité. Il a cependant déclaré que la mention « *boissons dites énergisantes* », qui réservait l'application de la taxe aux seules boissons riches en caféines « *dites énergisantes* », était contraire à la Constitution puisque l'objectif du législateur était la protection de la santé publique face au développement de l'addiction à la caféine, qui impliquait d'étendre la taxe à toutes les boissons riches en caféines, qui dépassaient le seuil de 220 milligrammes de caféine pour 1 000 millilitres. Si le législateur entend décourager une activité, la mesure fiscale pénalisante doit s'appliquer à tous les contribuables qui s'y engagent : le champ d'application de la « *regulatory tax penalty* » que constitue l'impôt[3] ne

1. Cons. const., 18 octobre 2010, 2010-57 QPC, *Société SITA FD.*
2. Voir Section 1.
3. La notion est développée dans l'étude suivante : D. Gutmann,

doit pas être indûment restreint. De manière symétrique, le champ des bénéficiaires d'un avantage fiscal doit être étendu à tous les contribuables qui s'engagent dans l'activité vertueuse qu'il entend favoriser, sous peine de censure du dispositif[1].

Ainsi, l'exonération des indemnités de départ en retraite des agents d'assurance a-t-elle été déclarée par deux fois contraire à la Constitution, en raison d'un champ d'application trop limité. Dans une décision *Époux F.*[2], le Conseil a déclaré contraire à la Constitution le fait de subordonner l'exonération à la poursuite par le repreneur de l'activité d'agent d'assurances dans les mêmes locaux : le lieu d'exercice de l'activité n'est pas un critère objectif et rationnel au vu du but du législateur, qui était de favoriser la poursuite de l'activité d'agent d'assurance. De même, dans une décision *Époux T.*[3], le Conseil a jugé que la subordination de l'exonération à la poursuite de l'activité d'agent d'assurance sous forme d'entreprise individuelle uniquement n'était pas un critère objectif et rationnel pour atteindre le but du législateur, qui était de favoriser la transmission des petites et moyennes entreprises.

Un autre exemple de censure découlant de l'application du contrôle de rationalité des critères, à propos d'un régime de faveur reposant sur les caractéristiques du cessionnaire s'observe dans une décision *Société Beraha* rendue en 2020[4]. Le dispositif prévoyait que, pour qu'une société puisse bénéficier d'un taux réduit d'impôt sur les société (IS) sur la plus-value de cession en cédant des locaux professionnels destinés à être transformés en logement, la société cessionnaire devait être une société soumise à l'IS. Or, au regard

« Sanctions fiscales et constitution », *Nouveaux Cahiers du Conseil constitutionnel*, 2011, n°33, p. 41-54.

1. B. Lignereux, *op. cit.*, p. 341.
2. Cons. const., 14 octobre 2016, 2016-587 QPC, *Époux F.*
3. Cons. const., 19 octobre 2017, 2017-663 QPC, *Époux T.*
4. Cons. const., 31 juillet 2020, 2020-868 QPC, *Société Beraha.*

de l'objectif du législateur, qui est de favoriser la création de logements, l'assujettissement à l'IS n'est pas un critère rationnel et objectif : il ne garantit pas une propension à créer des logements. C'est d'autant plus vrai que les Sociétés Civiles de Construction Vente (SCCV), qui sont un acteur majeur de la construction de logements, sont exonérées d'IS sans possibilité d'option[1]. La limitation de l'avantage fiscal dans les seuls cas où le cessionnaire est soumis à l'IS a donc été déclarée contraire à la Constitution au regard de l'égalité devant les charges publiques.

L'encadrement de la fiscalité comportementale, qui conduit généralement à l'harmonisation du régime « par le haut », en supprimant les conditions discriminatoires, a ainsi une parenté avec une autre forme de contrôle approfondi, le contrôle des discriminations liées au droit de l'UE.

### 2. Le contrôle original des discriminations issues des normes européennes, à la jonction de l'égalité devant la loi et de l'égalité devant les charges publiques

Le principe d'égalité, tel qu'il est entendu par la juridiction administrative n'est pas équivalent au principe de non-discrimination reconnu par le droit européen. En effet, il est de jurisprudence constante que le principe d'égalité n'implique pas de traiter de manière différente des contribuables dans des situations différentes mais seulement de ne pas faire de différences de traitement pour des situations identiques. C'est d'ailleurs une différence fondamentale entre le droit français et le droit européen, dont les effets juridiques sont contrastés.

En matière de fiscalité, cette divergence peut conduire à de paradoxales discriminations à rebours, c'est à dire un cas où une opération économique interne est moins bien

---

1. M. Pelletier, « Droit constitutionnel fiscal : chronique de l'année 2020 », *Revue de droit fiscal*, 11 mars 2021, n°10, comm. 162, §12.

traitée qu'une opération économique transfrontalière au sein de l'UE. Au niveau de l'Union Européenne, la Cour de Justice interdit en effet les discriminations fiscales entre opérateurs économiques européens sur le fondement des quatre libertés de circulation, en application du principe de non-discrimination, qu'elle applique aux opérations européennes transnationales. Toutefois, au niveau national, le Conseil d'État, qui n'applique que le principe d'égalité, considère qu'une différence de traitement entre des opérations purement internes, hors du champ d'application des dispositifs européens, et les mêmes opérations quand elles ont lieu dans un cadre européen, constitue une différence de traitement justifiée par une différence de situation. Plus précisément, il écarte la loi nationale au profit des dispositions européennes dans certaines situations, ce qui la rend partiellement inapplicable pour des motifs qui n'ont pas de lien avec le but poursuivi par le législateur[1].

Des sociétés françaises ont donc argué devant le Conseil constitutionnel d'une discrimination à rebours contraire au principe d'égalité devant l'impôt puisque les mêmes opérations, régies par les mêmes dispositions du CGI, bénéficiaient d'un traitement différencié du fait de l'inactivation partielle de la loi nationale, en application d'une jurisprudence du Conseil d'État élaborée pour rendre le dispositif national conforme au droit de l'Union européenne.

L'argument a porté pour la première fois en 2016, dans une jurisprudence *Metro Holding*[2]. Dans cette affaire était en cause le régime « mère-fille », qui permet l'exonération quasi-totale de la distribution de dividendes d'une filiale européenne à sa société mère située dans l'UE. Le dispositif national, d'application interne, prévoyait que les titres détenus par la mère devaient être assortis de droit de vote.

1. B. Lignereux, *op .cit.*, p. 447.
2. Cons. const., 3 février 2016, 2015-520 QPC, *Société Metro Holding France SA.*

Le dispositif européen, issu de la directive « mère-fille » ne prévoyait pas une condition relative aux droits de vote et se limitait à un seuil capitalistique. Appliquant fidèlement le droit de l'UE, le Conseil d'État a donc écarté la loi nationale au bénéfice de la directive dans le cadre d'un contrôle de conventionnalité, en jugeant que l'interprétation conforme de la directive impliquait d'exclure la condition relative au droit de vote pour les opérations européennes. Cette interprétation conduisait donc à ce que la condition relative aux droits de vote s'applique différemment selon la localisation géographique de la filiale : une société mère française recevant des produits de filiales françaises devait conserver des titres assortis de droits de vote pour bénéficier du régime mère-fille quand elle n'avait pas à le faire pour les titres de filiales européennes. Or, le but du législateur en prévoyant une condition relative aux droits de vote était de favoriser l'implication économique dans le développement des filiales. Au regard de l'objectif poursuivi, la localisation géographique ne représentait pas un critère pertinent, de sorte que la disposition est déclarée contraire à la Constitution tant au regard du principe d'égalité devant la loi qu'au regard du principe d'égalité devant les charges publiques. Le même raisonnement, mêlant les deux branches de l'égalité devant l'impôt, a conduit dans la décision *Natixis*[1], également rendue en 2016, à la censure des mêmes dispositions législatives dans une rédaction différente.

Cette tendance jurisprudentielle, qui marque une position originale, a suscité les espoirs des contribuables et a culminé en 2017 avec la déclaration d'inconstitutionnalité de la « contribution de 3 % ». Était en cause une autre discrimination à rebours issue du droit de l'UE. Cette contribution, née à la suite de l'annulation par la CJUE de la retenue à la source versée aux Organismes de Placement Collectifs de Valeurs

1. Cons. const., 8 juillet 2016, 2016-553 QPC, *Société Natixis*.

Mobilières (OPCVM) non-résidents en 2012[1], dont la rédaction a été hâtive[2], entendait frapper la redistribution par une société mère des dividendes issus de ses filiales. Par le jeu de la jurisprudence européenne sur la directive mère-fille[3], son application aux dividendes issus de sociétés filiales implantées dans un État de l'UE autre que la France était exclue, de sorte que n'étaient imposées que les dividendes distribués par une société mère et provenant de filiales françaises ou d'États tiers, instituant une discrimination selon l'origine géographique du dividende distribué. Dans la décision *SOPARFI*[4], le Conseil constitutionnel a donc déclaré ce dispositif inconstitutionnel, y voyant une méconnaissance des principes d'égalité devant la loi et les charges publiques puisque la différenciation de traitement n'était justifiée que par un objectif de rendement, jugé insuffisant. Le Conseil n'a pas été sensible à l'argument financier avancé par le gouvernement, pourtant considérable : en 2017, 6 388 réclamations portant sur un montant cumulé de 7,9 milliards d'euros avaient été déposées, selon le rapport que l'Inspection générale des finances est mandatée pour rédiger[5], que l'État doit désormais rembourser. S'il est indéniable que le Conseil a fait preuve de fermeté et d'indépendance en tranchant en faveur du contribuable, malgré la charge financière de la décision pour l'État, il fait pour cette raison l'objet de nombreuses critiques de la part

1. CJUE, 10 mai 2012, C338/11 à C347/11, *Santander et autres.*
2. Le rapport d'inspection de l'Inspection générale des finances intitulé *La contribution additionnelle à l'impôt sur les sociétés de 3 % sur les revenus distribués (dividendes)* daté de novembre 2017 note pudiquement, dans la première page de la synthèse qui précède le rapport : « *Il est notable que la consultation sur le texte initial a été brève et limitée* ».
3. CJUE, 17 mai 2017, C-365/16, qui déclare la contribution additionnelle de 3 % sur les sociétés européennes contraire au droit de l'UE.
4. Cons. const., 6 octobre 2017, 2017-660 QPC, *SOPARFI.*
5. Inspection générale des finances, *La contribution additionnelle à l'impôt sur les sociétés de 3 % sur les revenus distribués (dividendes)*, novembre 2017, p. 29.

de l'administration, qui mettent en garde sur le danger que représenterait la multiplication des censures des discriminations à rebours pour le financement de la puissance publique. De tournant qu'elle paraissait être, la jurisprudence *SOPARFI* se transforme alors en point maximal de la jurisprudence du Conseil en matière de discrimination à rebours.

À partir de 2017, le Conseil va donc s'efforcer de restreindre la portée la jurisprudence *Metro Hoding*, pour revenir progressivement à un contrôle plus classique, au nom de la souveraineté fiscale.

Un premier infléchissement apparaît avec la décision *Vincileoni*[1] dans laquelle il est affirmé que « *le droit de l'UE est, par construction, un droit discriminatoire à l'égard des situations extracommunautaires* ». Dans une décision de 2019, *Calogero G.*[2], il refuse d'appliquer le raisonnement Metro Holding à une disposition portant sur l'exigence d'agrément ministériel pour des opérations d'apport partiel d'actif. La loi française prévoyait qu'un apport partiel d'actif devait bénéficier d'un agrément ministériel pour se placer sous un régime de faveur. Or, la jurisprudence du Conseil d'État, interprétant la directive « Fusions », écartait la loi française pour exclure la condition de l'agrément, non prévu par le texte européen, aux situations transfrontalières européennes, de sorte que, comme dans la jurisprudence Metro Holding, la loi française ne s'appliquait qu'aux situations purement internes et aux situations impliquant des États tiers. Le Conseil conclut pourtant cette fois-ci à une absence d'inconstitutionnalité du dispositif, en modifiant la présentation de la question. Au lieu d'examiner une discrimination par ricochet qui concernerait les situations internes et celles impliquant des États tiers à l'UE – ce à quoi l'invitait le Conseil d'État[3]-, il écarte l'exa-

1. Cons. const., 9 mars 2017, 2016-615 QPC, Époux *Vincileoni.*
2. Cons. const., 15 novembre 2019, 2019-813, *Calogero G.*
3. M. Pelletier, « Droit constitutionnel fiscal : chronique de l'année 2019 », *Revue de droit fiscal*, 19 mars 2020, n°12, comm. 195, §8.

men des situations internes pour ne se concentrer que sur la différence entre le traitement comparé des opérations avec des États tiers à l'UE et celui des États européens. Réinterprétant la loi française à la lumière de la directive européenne, il en déduit que la différence de traitement est justifiée puisque le droit de l'UE est par nature discriminatoire vis-à-vis des États tiers.

Ce mode de raisonnement est repris, consacré et explicité dans la décision *Simoncini et de Galbert*[1], rendue en avril 2020, qui marque une nouvelle étape de la jurisprudence constitutionnelle en la matière. Désormais, le Conseil raisonne en trois temps distincts[2]. Il examine d'abord si le droit de l'Union a introduit une différence de traitement pour des situations initialement indifférenciées. Il s'assure ensuite que le droit de l'Union n'a pas dénaturé l'objet initial de la loi. Enfin, dans le cas où l'objet de loi n'a pas été dénaturé, il détermine si, eu égard à l'objet de la loi ainsi « européanisé », la différence de traitement repose sur des situations identiques. Cette dernière étape semble peu exigeante, voire un peu circulaire, dans la mesure où elle s'appuie sur l'autorité du droit de l'UE dans l'espace et sur des régimes différenciés qui peuvent en découler[3], aboutissant à reconnaître au critère géographique une rationalité que les décisions dans le sillage de *Metro Holding* lui déniaient.

L'application du raisonnement à l'affaire en cause aboutit au contraire à refuser d'égaliser le traitement interne et le traitement européen. Le litige portait sur l'imposition des plus-values mobilières réalisées à l'occasion d'un échange de titres antérieur au 1er janvier 2013 et placées en report d'imposition.

1. Cons. const., 3 avril 2020, 2019-832/833 QPC, *Simoncini et de Galbert*.
2. M. Pelletier, « Droit constitutionnel fiscal : chronique de l'année 2020 », *Revue de droit fiscal*, 11 mars 2021, n°10, comm. 162, §5.
3. M. Pelletier, « Droit constitutionnel fiscal : chronique de l'année 2020 », *Revue de droit fiscal*, 11 mars 2021, n°10, comm. 162.

L'article 150-0 D du CGI prévoyait que de telles plus-values ne pouvaient bénéficier de l'abattement pour durée de détention. Or, l'interprétation de la directive « Fusions » par le Conseil d'État – à la suite d'une jurisprudence de la CJUE qui jugeait cette disposition française contraire à la directive[1] – conduisait là encore à une différence entre les situations purement internes et les situations européennes[2]. Comme le refus d'un abattement pour durée de détention en cas d'opération d'échanges de titres réalisée dans un cadre européen était considéré comme contraire au droit de l'Union, la loi nationale a en effet été écartée pour une opération européenne d'échange de titres réalisée avant le 1er janvier 2013. Il en résultait donc une différence de traitement : dans le cas interne, l'abattement pour durée de détention s'appliquait à partir de la détention des nouveaux titres dans le cas d'une opération purement interne alors que, pour une opération européenne d'échange de titres, la durée de détention était bien plus longue, incluant tant la période de détention des titres anciens qui ont disparu lors l'échange que des nouveaux titres reçus en échange des anciens. Pourtant, au lieu de prendre en considération la discrimination au détriment des opérations portant sur des titres français par rapport à celles portant sur des titres européens, le Conseil a jugé que la différence de traitement ne portait pas atteinte au principe d'égalité devant l'impôt. La nouvelle méthode du Conseil énoncée plus haut se déroule comme suit : l'objet des dispositions est de garantir une certaine neutralité fiscale de l'échange de titres, pour éviter que le contribuable ne doive les vendre pour acquitter l'impôt sur la plus-value. Or, la directive européenne ne fait que renforcer cette neutralité fiscale pour les titres européens. Comme renforcement ne

1. CJUE, 18 septembre 2019, C-662/18.
2. S. Austry, « Chronique de droit économique et fiscal », *Titre VII*, 2020/2, n°5, p. 159.

constitue pas une dénaturation de l'objet initial, il en découle la validation de la différence de traitement[1].

Cette tendance s'approfondit dans les décisions ultérieures, avec un abandon pur et simple de la jurisprudence *Metro Holding* dans la décision la plus marquante de 2022, la décision *Société Schneider*[2], qui se place sur le seul terrain de l'égalité devant la loi. Avant cette décision, il pouvait y avoir une discrimination à rebours dans le cas où la situation régie par le droit de l'UE devenait, suite à une évolution de la jurisprudence ou de la loi, traitée différemment de la situation de pur droit interne. Dans ce cas, l'objet initial de la loi pouvait avoir été dénaturé par la neutralisation jurisprudentielle d'une législation contraire au droit de l'Union, ce qui rendait la différence de traitement incompatible avec l'objet initial, qui n'envisageait pas, par construction, une telle différence. Or, selon cette décision, la dénaturation de l'objet de la loi au contact du droit de l'Union, par le formalisme même du raisonnement constitutionnel, est désormais exclu : quand l'interprétation par la jurisprudence ou la lettre de la loi interne évolue pour être en conformité avec le droit de l'Union sans méconnaître son intention initiale, la dénaturation de l'objet de la loi ne peut plus être retenue. Il en résulte dès lors que l'objet initial de la loi ne pouvait qu'être de traiter différemment une situation couverte par le droit de l'Union d'une situation purement interne, de sorte qu'il n'y a pas de méconnaissance de l'égalité devant la loi lorsque la situation interne est moins favorablement traitée. Le traitement différent se justifie alors de manière circulaire et géographique : l'une des situations concerne un élément d'extranéité quand l'autre est purement interne, de sorte qu'il y a par construction une différence de situation.

1. S. Austry, « Chronique de droit économique et fiscal », *Titre VII*, 2020/2, n°5, p. 159.
2. Cons. const., 14 octobre 2022, 2022-1014 QPC.

L'abandon de cette ligne jurisprudentielle audacieuse illustre à nouveau la retenue dont fait preuve le Conseil lorsqu'il s'aventure au-delà de l'erreur manifeste d'appréciation du législateur et est susceptible d'accroître encore le désintérêt des contribuables pour la QPC.

# Conclusion

Le juge constitutionnel a, pour des raisons institutionnelles, incomplètement saisi les opportunités que recèle la QPC pour l'approfondissement de son contrôle. Il conserve la primeur de ses solutions pour le contrôle *a priori* et relègue le traitement des QPC au second plan, refusant d'exercer un contrôle aussi large sur le fondement de l'article 61-1 C que celui qu'il exerce sur le fondement de l'article 61. Malgré des progrès notables dans la légitimation de son rôle au sein de l'univers juridictionnel français, l'autorité qui s'attache à ses décisions n'est pas exclusive et son respect pour l'action législative continue de limiter ses prérogatives. Cette tendance est particulièrement manifeste en matière de sanctions fiscales, où l'appréciation du Conseil est volontairement retenue et le conduit à écarter la qualification de sanction pour des dispositifs qui ont pourtant une visée dissuasive.

La mobilisation du principe d'égalité, matrice du contentieux fiscal, ne donne pas lieu à des solutions plus innovantes et protectrices du contribuable du fait d'une jurisprudence casuistique, orientée dans un sens d'autant plus défavorable au contribuable que le Conseil constitutionnel se montre particulièrement soucieux de la protection des deniers publics depuis sa censure retentissante de la contribution additionnelle de 3 % sur les dividendes.

Dans la deuxième décennie de la QPC, la tendance aux décisions constitutionnelles particulièrement défavorables, qui semblent s'employer à refermer les ouvertures créées par le Conseil constitutionnel lui-même, a pour résultat paradoxal de faire des décisions constitutionnelles en matière fiscale, qui devraient trancher de manière principielle des questions fondamentales, une source d'insécurité juridique tant pour l'administration, dont certaines outils procéduraux essentiels sont mis à mal par une déclaration d'inconstitutionnalité sèche (droit de suite en matière de taxe foncière, droit de visite des agents des douanes notamment) que pour le contribuable, dont des droits qui semblent affirmés par des décisions antérieures sont ignorés dans une décision ultérieure.

Eu égard à la réticence du Conseil constitutionnel à sanctionner les dispositions législatives, il est alors plus efficace pour le contribuable de saisir le juge de l'impôt (qui est souvent le juge administratif) de moyens d'inconventionnalité plutôt que de se hasarder à soulever une QPC. Les contribuables sont ainsi tentés de « *délaisser la voie constitutionnelle pour privilégier – à nouveau – la voie conventionnelle, laquelle paraît offrir, à la lumière des jurisprudences des Cours de Strasbourg et de Luxembourg, des perspectives plus satisfaisantes* »[1], comme en témoigne la baisse des QPC fiscales (qui sont inférieures à une dizaine en 2022 et s'élèvent à six en 2023).

Si cette tendance émergente se confirme, le risque est celui d'une dépossession des juridictions internes de pans entiers du droit fiscal, pourtant au cœur de la souveraineté étatique : si les juridictions européennes (CJUE et CEDH) sont amenées à se prononcer, dans le cadre du contrôle de convention-

1. M. Pelletier, « Droit constitutionnel fiscal : chronique de l'année 2020 », *Revue de droit fiscal*, 11 mars 2021, n°10, comm. 162.

nalité, sur des dispositions fiscales internes qui auraient pu être contrôlées par voie de QPC, le Conseil constitutionnel se verrait privé de sa capacité de rationalisation de l'action législative. À l'heure où le Conseil constitutionnel renouvelle son secrétaire général et le tiers de ses membres, dont son président, il sera intéressant d'observer si ce Conseil renouvelé revitalise la QPC fiscale ou si celle-ci poursuit son déclin au point de confier le contrôle de la norme fiscale française à la CJUE.

# Bibliographie


## Ouvrages

- L. Cohen-Tanugi, *Le droit sans l'État*, Presses Universitaires de France, 2007 [1985].
- M. Collet, *L'impôt confisqué*, Odile Jacob, 2014.
- B. Lignereux, *Précis de droit constitutionnel fiscal*, Lexis Nexis, 2020.
- M. Taly, *Les coulisses de la politique fiscale*, PUF, 2016.

## Articles de revues

- J. Arrighi de Casanova, « L'autorité des décisions du Conseil constitutionnel vue du Conseil d'État », *Les Nouveaux Cahiers du Conseil constitutionnel,* 2011/1, n° 30, pp. 23-29.
- S. Austry, « QPC fiscale et effets de la décision dans le temps », *Les Nouveaux Cahiers du Conseil constitutionnel*, 2011/4, n° 33, pp. 69-84.
- S. Austry, « Chronique de droit économique et fiscal », *Les Nouveaux Cahiers du Conseil constitutionnel,* 2013/3, n°40, pp. 213-225.
- S. Austry, « Chronique de droit économique et fiscal », *Les Nouveaux Cahiers du Conseil constitutionnel,* 2013/4, n°41, pp. 301-309.
- S. Austry, « Chronique de droit économique et fiscal », *Les Nouveaux Cahiers du Conseil constitutionnel,* 2014/1, n°42, pp. 197-202.
- S. Austry, « Chronique de droit économique et fiscal », *Les Nouveaux Cahiers du Conseil constitutionnel,* 2014/2, n°43, pp. 197-209.
- S. Austry, « Chronique de droit économique et fiscal », *Les Nouveaux Cahiers du Conseil constitutionnel,* 2014/3, n°44, pp. 153-161.
- S. Austry, « Chronique de droit économique et fiscal », *Les Nouveaux Cahiers du Conseil constitutionnel,* 2014/4, n°45, pp. 227-234.
- S. Austry, « Chronique de droit économique et fiscal », *Les Nouveaux Cahiers du Conseil constitutionnel,* 2015/1, n°46, pp. 185-193.

► S. Austry, « Chronique de droit économique et fiscal », *Les Nouveaux Cahiers du Conseil constitutionnel,* 2015/2, n°47, pp. 215-229.

► S. Austry, « Chronique de droit économique et fiscal », *Les Nouveaux Cahiers du Conseil constitutionnel,* 2015/3, n°48, pp. 221-230.

► S. Austry, « Chronique de droit économique et fiscal », *Les Nouveaux Cahiers du Conseil constitutionnel,* 2015/4, n°49, pp. 211-220.

► S. Austry, « Chronique de droit économique et fiscal », *Les Nouveaux Cahiers du Conseil constitutionnel,* 2016/1, n°50, pp. 147-155.

► S. Austry, « Chronique de droit économique et fiscal », *Les Nouveaux Cahiers du Conseil constitutionnel,* 2016/2, n°51, pp. 163-172.

► S. Austry, « L'interdiction constitutionnelle des présomptions irréfragables et l'article 209 B », *Revue de droit fiscal,* 26 mai 2016, n°21, comm. 342.

► S. Austry, « Chronique de droit économique et fiscal », *Les Nouveaux Cahiers du Conseil constitutionnel,* 2016/3, n°52, pp. 145-154.

► S. Austry, « Chronique de droit économique et fiscal », *Les Nouveaux Cahiers du Conseil constitutionnel,* 2016/4, n°53, pp. 169-178.

► S. Austry, « Chronique de droit économique et fiscal », *Les Nouveaux Cahiers du Conseil constitutionnel,* 2017/1, n°54, pp. 163-173.

► S. Austry, « Chronique de droit économique et fiscal », *Les Nouveaux Cahiers du Conseil constitutionnel,* 2017/2, n°55-56, pp. 245-264.

► S. Austry, « Chronique de droit économique et fiscal », *Les Nouveaux Cahiers du Conseil constitutionnel,* 2017/4, n°57, pp. 229-236.

► S. Austry, « Chronique de droit économique et fiscal », *Les Nouveaux Cahiers du Conseil constitutionnel,* 2018/1, n°58, pp. 127-132.

► S. Austry, « Chronique de droit économique et fiscal », *Les Nouveaux Cahiers du Conseil constitutionnel,* 2018/2, n°59, pp. 137-145.

► S. Austry, « Chronique de droit économique et fiscal », *Titre VII,* 2018/1, n°1, pp. 110-115.

► S. Austry, « Chronique de droit économique et fiscal », *Titre VII,* 2019/1, n°2, pp. 126-130.

► S. Austry, « Chronique de droit économique et fiscal », *Titre VII,* 2019/2, n°3, pp. 126-131.

► S. Austry, « Chronique de droit économique et fiscal », *Titre VII,* 2020/1, n°4, pp. 114-118.

► S. Austry, « Chronique de droit économique et fiscal », *Titre VII,* 2020/2, n°5, pp. 158-164.

► S. Austry, « Caractère irréfragable d'une présomption légale justifiée par la lutte contre la fraude et l'évasion fiscales In : Chronique de jurisprudence constitutionnelle / droit fiscal (juillet à décembre 2021) », *Titre VII [En ligne]*, avril 2022, n° 8.

► S. Austry, « Principes de droit pénal et de procédure pénale - Principes de nécessité des délits et des peines - Notion de répression des mêmes faits qualifiés de manière identique In : Chronique de jurisprudence constitutionnelle - droit fiscal (janvier à juin 2022) », *Titre VII [En ligne]*, octobre 2022, n° 9, pp. 158-160.

► S. Austry, « Principe de proportionnalité des peines (Cons. const., déc. n° 2023-1054 QPC du 16 juin 2023) In : Chronique de droit fiscal (janvier 2023 à juin 2023) », *Titre VII [En ligne]*, octobre 2023, n° 11, pp. 135-139.

► S. Austry, L. Ayrault, G. Blanluet, « Encadrement de la lutte contre la fraude et l'évasion fiscale », *Revue de droit fiscal*, 24 septembre 2015, n°39, 582.

► G. Auzéro, « Participation aux résultats de l'entreprise et fraude fiscale : les salariés désarmés ? », *La Semaine Juridique Entreprises et Affaires*, 30 mai 2024, n° 22, 1166.

► A. Barilari, « Le principe d'égalité devant l'impôt », *Constitutions*, 2010, pp. 277-281.

► A. Barilari, « Les compétences du législateur en matière fiscale et financière », *Constitutions,* 2010, pp. 283-284.

► A. Barilari, « L'objectif de valeur constitutionnelle de lutte contre la fraude », *Constitutions*, 2010, pp. 284-287.

► A. Barilari, « Le Conseil constitutionnel précise le domaine de compétence des QPC et confirme son interprétation de l'article 14 de la DDHC selon laquelle c'est le Parlement qui consent à l'impôt », *Constitutions,* 2010, pp. 597-598.

► A. Barilari, « Recevabilité des QPC au regard de textes abrogés et conciliation du principe d'égalité devant les charges publiques avec l'objectif constitutionnel de lutte contre la fraude fiscale », *Constitutions*, 2010, pp. 598.

► A. Barilari, « La société Plombinoise de casino (QPC n° 2010-53 du 14 octobre) ou le “retour vers le futur” ! », *Constitutions*, 2011, pp. 97-99.

► A. Barilari, « Dans l’affaire Association sportive football club de Metz (QPC 2010-28 du 16 septembre), le conseil précise une nouvelle limite des QPC », *Constitutions*, 2011, pp. 101-102.

► A. Barilari, « L’article 168 du Code général des impôts ou de la longévité des dinosaures fiscaux », *Constitutions*, 2011, pp. 249-251.

► A. Barilari, « Il faut sauver les pénalités forfaitaires ! », *Constitutions*, 2011, pp. 377-379.

► A. Barilari, « Au bon beurre ou à la bonne margarine ? », *Constitutions*, 2011, p. 380.

► A. Barilari, « Contrôle des lois de finances initiale pour 2012 et rectificative pour 2011 », *Constitutions*, 2012, pp. 122-123.

► A. Barilari, « L’oxymoron et la définition de l’impôt », *Constitutions*, 2012, pp. 466-468.

► A. Barilari, « Au confluent boueux de la fiscalité incitative et de la fiscalité de rendement », *Constitutions*, 2012, pp. 468-469.

► A. Barilari, « Vice de forme ou forme de vice », *Constitutions*, 2013, pp. 84-85.

► A. Barilari, « Pourvu qu’on ait l’ivresse », *Constitutions*, 2013, pp. 85-86.

► A. Barilari, « Le Conseil constitutionnel abandonne-t-il l’objectif de lutte contre la fraude ? », *Constitutions*, 2014, pp. 68-79.

► G. Bazin, « Les administrations fiscales, une efficacité en question », *Pouvoirs*, 2014/4, n°151, pp. 71-85

► S. Bernard, B. Zérah, « Censure du droit de suite attaché au privilège spécial de l’Administration en matière de taxe foncière : un exercice d’équilibrisme réussi », *La revue fiscale du patrimoine*, juillet-août 2022, n° 7, 8.

► V. Bied-Charreton, « Le foisonnement fiscal, une maladie française », *Études*, décembre 2017, n° 12, pp. 47-58.

► G. Blanluet, « Réflexions sur le recours pour excès de pouvoir en matière fiscale et la portée des réserves d’interprétation du

Conseil constitutionnel », *Revue de droit fiscal*, 6 octobre 2016, n°40, comm. 533.

► B. Bohnert, « Constitutionnalité de l'application du taux réduit de TVA aux seuls taxis, à l'exclusion des voitures de transport avec chauffeur », *Revue de droit fiscal*, 5 novembre 2015, n°45, comm. 666.

► B. Bohnert, « Renvoi d'une QPC sur la validation rétroactive des évaluations de valeur locative par comparaison à un local détruit ou restructuré », *Revue de droit fiscal*, 21 janvier 2016, n°3, comm. 82.

► E. Bokdam-Tognetti, « Crédit d'impôt recherche : constitutionnalité de l'exclusion des dépenses exposées en dehors de l'EEE », *Revue de droit fiscal*, 13 juillet 2017, n°28, comm. 396.

► E. Bokdam-Tognetti, « QPC et contentieux fiscal : bientôt 4 années d'enrichissement mutuel et d'évolution sans révolution », *Revue de jurisprudence fiscale*, 12/2013, p. 979-988.

► E. Bonis, « Droit de visite des agents des douanes In : Chronique de droit pénal et procédure pénale (juillet à décembre 2022) », *Titre VII [En ligne]*, avril 2023, n° 10.

► A. Botton, « Cumul de poursuites et de sanctions en matière fiscale : une nouvelle validation », *Revue de science criminelle et de droit pénal comparé*, octobre-décembre 2022, n° 4, p. 901.

► A. Bouloc, « Inconstitutionnalité du droit de visite des agents des douanes », *Revue trimestrielle de droit commercial et de droit économique*, Décembre 2022, n° 4, p. 895.

► M. Bouvier, « Sens et légitimité de l'impôt », *Pouvoirs*, 2014/4, n°151, pp. 27-34.

► J. Buisson, « Procédure de saisie douanière et droit constitutionnel : vers une loi conforme au droit commun de la preuve pénale », *Procédures*, novembre 2022, n° 11, p. 3.

► J-P. Camby; J-E. Schoettl, , « Le contrôle douanier sous le contrôle du Conseil constitutionnel », *Actualité juridique. Droit administratif*, 6 février 2023, n° 4, p. 195.

► E. Cartier, « Archéologie douanière : décision n° 2022-1010 QPC du 22 septembre 2022, M. Mounir S. [Droit de visite des agents des douanes] In : Chronique de droits fondamentaux et libertés publiques (juillet à décembre 2022) », *Titre VII [En ligne]*, avril 2023, n° 10.

► A-L. Cassard-Vallembois, R. Vabres (dir.) « QPC et droit fiscal. Les apports croisés du droit fiscal et de la QPC », *Titre VII*[En ligne], *Dix ans de QPC*, Hors-Série, octobre 2020.

► M. Collet, E. Crepey, S. Robert, « Capacité contributive des entreprises et imposition confiscatoire », *Revue de droit fiscal*, 24 septembre 2015, n°39, 583.

► P. Collin, « Le Conseil constitutionnel juge de l'impôt en 61 et 61-1 : différences et ressemblances », *Nouveaux Cahiers du Conseil* constitutionnel, 2011/4, n° 33, pp. 27-40.

► E. Cortot-Boucher, « Constitutionnalité de la qualification de revenus des sommes inscrites au compte courant des associés, quand bien même l'associé ne les aurait pas retirées », *Revue de droit fiscal*, 14 septembre 2017, n°37, comm. 444.

► E. Crepey, « Renvoi d'une QPC sur l'opposabilité des actes de procédure au conjoint séparé ou divorcé *(LPF, art. L. 54 A)* », *Revue de droit fiscal*, 15 octobre 2015, n°42, comm. 642.

► E. de Crouy-Chanel « Le Conseil constitutionnel mobilise-t-il d'autres principes constitutionnels que l'égalité en matière fiscale ? », *Nouveaux Cahiers du Conseil constitutionnel*, 2011/4, n° 33, pp. 15-26.

► E. de Crouy-Chanel « Le consentement à l'impôt », *Pouvoirs*, 2014/4, n°151, pp. 5-14.

► V. Daumas, « La question prioritaire de constitutionnalité devant le Conseil d'État », *Revue de droit fiscal*, 22 septembre 2016, n°38, comm. 505.

► N. Delalande, « Le retour des révoltes fiscales ? », *Pouvoirs*, 2014/4, n°151, pp. 15-25.

► B. Delaunay, P. Martin, L. Vallée, « Sécurité juridique, rétroactivité et garantie des droits », *Revue de droit fiscal*, 24 septembre 2015, n°39, 581.

► P. Derouin, « Comment tondre un oeuf ? la retenue à la source sur les revenus distribués à des non-résidents déficitaires », *Revue de droit fiscal*, 14 décembre 2023, n° 50, comm. 360.

► O. Desaulnay, « L'autorité des décisions du conseil constitutionnel vue par la Cour de cassation », *Nouveaux Cahiers du Conseil constitutionnels*, 2011/1, n° 30, pp. 31-48.

► S. Detraz, « La mise à l'écart du principe non bis in idem en matière fiscale », *Revue de droit fiscal*, 22 septembre 2016, n°38, comm. 502.

► S. Detraz, « Inconstitutionnalité de l'indispensable article 60 du Code des douanes », *La Semaine juridique. Édition générale*, 10 octobre 2022, n° 40, p. 1841-1844.

► S. Detraz, « Visites et saisies domiciliaires fiscales : le JLD chez l'avocat », *Revue de science criminelle et de droit pénal comparé*, juillet-septembre 2023, n° 3, p. 576.

► G. Drago, « Observatoire de jurisprudence constitutionnelle », *Les Nouveaux Cahiers du Conseil constitutionnel*, 2010/3, n°29, pp. 249-271.

► G. Drago, « Observatoire de jurisprudence constitutionnelle. Chronique n°3 », *Les Nouveaux Cahiers du Conseil constitutionnel*, 2011/1, n°30, pp. 187-212.

► G. Drago, « Observatoire de jurisprudence constitutionnelle. Chronique n°4 », *Les Nouveaux Cahiers du Conseil constitutionnel*, 2011/2, n°31, pp. 231-261.

► G. Drago, « Observatoire de jurisprudence constitutionnelle. Chronique n°5 », *Les Nouveaux Cahiers du Conseil constitutionnel*, 2011/3, n°32, pp. 193-221.

► G. Drago, « Observatoire de jurisprudence constitutionnelle. Chronique n°6 », *Les Nouveaux Cahiers du Conseil constitutionnel*, 2011/4, n°33, pp. 217-230.

► G. Drago, « Observatoire de jurisprudence constitutionnelle. Chronique n°7 », *Les Nouveaux Cahiers du Conseil constitutionnel*, 2012/1, n°34, pp. 173-203.

► G. Drago, « Observatoire de jurisprudence constitutionnelle. Chronique n°8 », *Les Nouveaux Cahiers du Conseil constitutionnel*, 2012/2, n°35, pp. 221-242.

► G. Drago, « Observatoire de jurisprudence constitutionnelle. Chronique n°9 », *Les Nouveaux Cahiers du Conseil constitutionnel*, 2012/3, n°36, pp. 165-181.

► G. Drago, « Observatoire de jurisprudence constitutionnelle. Chronique n°10 », *Les Nouveaux Cahiers du Conseil constitutionnel*, 2012/4, n°37, pp. 181-204.

► G. Drago, « Observatoire de jurisprudence constitutionnelle. Chronique n° 11 », *Les Nouveaux Cahiers du Conseil constitutionnel*, 2013/1, n°38, pp. 231-250.

► G. Drago, « Observatoire de jurisprudence constitutionnelle. Chronique n°12 », *Les Nouveaux Cahiers du Conseil constitutionnel*, 2013/2, n°39, pp. 293-316.

► V. Drezet, « Pour l'impôt ! Mieux d'impôt, voilà l'enjeu », *Pouvoirs*, 2014/4, n°151, pp. 35-45.

► V. Dussart, « Le Parlement et l'impôt », *Pouvoirs*, 2014/4, n°151, pp. 57-69.

► N. Escaut, « Refus de renvoi d'une QPC sur l'obligation de communication à l'Administration des documents comptables et financiers et des justificatifs des charges et recettes *(LPF, art. L. 85)* », *Revue de droit fiscal*, 5 novembre 2015, n°45, comm. 667.

► D. Fallon, « Les vicissitudes de l'incompétence négative en QPC », *Constitutions*, 2018, p. 241-251.

► O. Fouquet, « Le Conseil d'État et le principe d'égalité devant l'impôt », *Les Nouveaux Cahiers du Conseil* constitutionnel, 2011/4, n° 33, pp. 7-14.

► F. Fourment, « Abrogation de l'article 60 du Code des douanes relatif au droit de visite », *La Gazette du Palais*, 29 novembre 2022, n° 39, pp. 50-51.

► F. Fruleux, « Obligations fiscales de l'héritier réservataire créancier d'une indemnité de réduction : état du droit positif, pratiques et recommandations », *Revue de droit fiscal*, 14 décembre 2023, n° 50, 1230.

► F. Fruleux, « L'héritier réservataire, le légataire universel et le Conseil constitutionnel : Rigueur du droit positif et préconisations », *La Semaine Juridique. Notariale & immobilière*, 15 décembre 2023, n° 50, pp. 42-49.

► P. Giraud, « QPC : le contrôle du Conseil constitutionnel est un contrôle restreint, mais qui peut dépasser le cadre factuel du litige », *Revue de droit fiscal*, 21 janvier 2016, n°3, comm. 82.

► M. Guillaume, « L'autorité des décisions du Conseil constitutionnel : vers de nouveaux équilibres ? », *Nouveaux Cahiers du Conseil constitutionnel*, 2011/1, n° 30, pp. 49-75.

► M. Guillaume, « Le traitement des saisines constitutionnelles par le conseil constitutionnel depuis la QPC », *Nouveaux Cahiers du Conseil constitutionnel*, juin 2015, n°48, pp. 127-142.

► D. Gutmann, « Sanctions fiscales et constitution », *Nouveau Cahiers du Conseil constitutionnel,* 2011, n°33, pp. 41-54.

► D. Gutmann, « Regard sur la jurisprudence fiscale du conseil constitutionnel », *Pouvoirs*, 2014/4, n°151, pp. 129-140.

► D. Gutmann, « Le contrôle du Conseil constitutionnel sur les sanctions fiscales », *Revue de droit fiscal*, 26 mars 2015, n°13, comm. 233.

► T. Jacquemont, « Les effets d'une décision QPC sur le droit de réclamation », *Revue de droit fiscal*, 30 avril 2015, n°18, 291.

► N. Jacquot, P. Mispelon, « La constitutionnalité du délit de fraude fiscale bientôt mise à nu ? », *Revue de droit fiscal*, 21 janvier 2016, n°3, comm. 41.

► N. Jacquot, P. Mispelon, « Constitutionnalité du délit de fraude fiscale : vers une nouvelle échelle de sanctions ? », *Revue de droit fiscal*, 7 avril 2016, n°7, comm. 214.

► L. Koumo Simo, « Déclaration d'inconstitutionnalité et réouverture du délai de réclamation en matière fiscale : l'embarras du Conseil d'État ? », *Constitutions*, 2019, pp. 101-107.

► L. Koumo Simo, « Les perquisitions fiscales et la jurisprudence du Conseil constitutionnel », *Constitutions,* 2018, pp. 411-417.

► J. Lamarque, « L'article 16 de la déclaration de 1789 », *Revue de droit fiscal*, 26 mars 2015, n°15, comm. 232.

► O. Le Bot, « Le pouvoir de sanction de l'administration fiscale »,

► *Constitutions,* 2014, pp. 489-498.

► C. Legras, « Conformité à la Constitution de la taxe annuelle sur les véhicules de tourisme *(CGI, art. 1010)* », *Revue de droit fiscal*, 14 novembre 2013, n°46, comm. 513.

► S. Le Roy, « Encadrer sans entraver » : la réforme du droit de visite de la douane », *Actualité juridique. Pénal*, octobre 2023, n°10, p. 431.

► J-J. Lubin, « L'action en réduction des libéralités excessives ne reporte pas le délai de dépôt de la déclaration de succession », *La Semaine Juridique. Notariale & immobilière*, 23 juin 2023, n°25, act. 699.

► C. Mandon, « La guerre contre la fraude fiscale aura bien lieu, commentaire des décisions QPC 2016-545 et 546 », 2016, pp. 436-446.

► C. de la Mardière « Première décision « QPC » du Conseil constitutionnel en matière fiscale », *Constitutions*, 2010, pp. 419-421.

► C. de la Mardière « Perquisitions fiscales : l'impuissance du droit », *Constitution*, 2010, p. 595.

► C. de la Mardière « La QPC par le moyen du recours pour excès de pouvoir : un boulevard est ouvert », *Constitutions*, 2011, pp. 99-101.

► C. de la Mardière « La répression de l›évasion fiscale internationale des artistes et sportifs est conforme à la Constitution », *Constitutions*, 2011, pp. 245-246.

► C. de la Mardière, « La réticence du Conseil constitutionnel à sanctionner les validations législatives », *Constitutions*, 2011, pp. 247-248.

► C. de la Mardière « La pénalité de 10 % pour paiement tardif n'est pas une sanction », *Constitutions*, 2011, pp. 380.

► C. de la Mardière, « Validations législatives : le Conseil constitutionnel persiste », Constitutions, 2012, pp. 122-123.

► C. de la Mardière, « Les contorsions sportives de l'égalité devant l'impôt », *Constitutions*, 2012, pp. 469-470.

► C. de la Mardière, « Le mort puni saisit le vif innocent », *Constitutions*, 2012, pp. 471-472.

► C. de la Mardière, « L'ISF doit être plafonné », *Constitutions*, 2012, pp. 631.

► C. de la Mardière, « L'impôt confiscatoire enfin sanctionné », *Constitutions*, 2013, p. 86.

► C. de la Mardière, « Recul de la rétroactivité de la loi de finances », *Constitutions*, 2013, p. 88.

► C. de la Mardière, « Incompétence négative : une porte étroite ouverte sur la QPC », *Constitutions,* 2013, pp. 430-435.

► C. de la Mardière, « La notion d'abus de droit : une arme de répression fiscale », *Revue de droit fiscal,* 18 décembre 2014, n°51-52, comm. 700.

► J. Martinez, « Le Conseil constitutionnel juge que l'article 119 Bis du Code général des impôts qui institue une discrimination à rebours pour le prélèvement à la source appliqué à des distributions de revenus à certaines sociétés est conforme au principe d'égalité », *Concurrences : revue des droits de la concurrence*, avril-juin 2024, n° 2024-2, p. 180-181.

► P. Mollard, « La question prioritaire de constitutionnalité en matière fiscale devant la chambre commerciale de la Cour de cassation », 22 septembre 2016, n°38, comm. 507.

► P. Noual, « Assujettissement des dons manuels : l'article 757 du CGI est constitutionnel », *La Semaine Juridique. Notariale & immobilière*, 23 juilllet 2021, n° 29, act. 743.

► E. Oliva, « Compétitivité et impôt : ne pas jeter le bébé avec l'eau du bain », *Pouvoirs*, 2014/4, n°151, pp. 99-115.

► F. de Paul Tetang, « À propos de la qualité des décisions du Conseil constitutionnel »(Réflexions à la lumière de la jurisprudence récente) », *Revue française de droit constitutionnel,* 2016/4, n°108, pp.e3-e31 (version en ligne).

► A. Papagiannoulas, « L'impartialité du juge en droit de visite et de saisie de documents de l'article L. 16 B du LPF : l'effet boomerang », *Revue de droit fiscal*, 2 février 2023, n° 5, p. 42-44.

► M. Pelletier, « La spécificité du contrôle de constitutionnalité des lois fiscales Conseil constitutionnel *versus* Cour de justice de l'Union européenne et Cour européenne des droits de l'homme », *Revue de droit fiscal*, 26 mars 2015, n°13, comm. 230.

► M. Pelletier, « Droit constitutionnel fiscal : chronique de l'année 2015 », *Revue de droit fiscal*, 10 mars 2016, n°10, comm. 208.

► M. Pelletier, « Droit constitutionnel fiscal : chronique de l'année 2016 », *Revue de droit fiscal*, 23 mars 2017, n°12, comm. 209.

▶ M. Pelletier, « Droit constitutionnel fiscal : chronique de l'année 2018 », *Revue de droit fiscal*, 28 mars 2019, n°13, comm. 213.

▶ M. Pelletier, « Droit constitutionnel fiscal : chronique de l'année 2019 », *Revue de droit fiscal*, 19 mars 2020, n°12, comm. 195.

▶ M. Pelletier, « Droit constitutionnel fiscal : chronique de l'année 2020 », *Revue de droit fiscal*, 11 mars 2021, n°10, comm. 162.

▶ M. Pelletier, « Vers une nouvelle orientation du contrôle de proportionnalité des sanctions fiscales », *Revue de droit fiscal*, 8 juillet 2021, n° 27, comm. 311

▶ M. Pelletier, « Droit constitutionnel fiscal : chronique de l'année 2021 », *Revue de droit fiscal*, 25 mars 2022, n°12, 153.

▶ M. Pelletier, « La décision Igdal : l›auto-liquidation du contrôle de constitutionnalité des sanctions fiscales ? », *Revue de droit fiscal*, 29 septembre 2022, n° 39, act. 352.

▶ M. Pelletier, « Droit constitutionnel fiscal : chronique de l'année 2022 », *Revue de droit fiscal*, 3 avril 2023, n°13, 135.

▶ M. Pelletier, « Droit constitutionnel fiscal : chronique de l'année 2023 », *Revue de droit fiscal*, 14 mai 2024, n°19, 242.

▶ V. Peltier, « CUMUL DE SANCTIONS. Cumul de poursuites et de sanctions en cas d'opposition à un contrôle fiscal. Identité de faits. Cons. const., déc. n° 2022-988 QPC du 8 avr. 2022. Sanction des entraves aux contrôles et enquêtes de l'Autorité des marchés financiers. Cons. const., déc. n° 2021- 965 QPC du 28 janv. 2022 In : Chronique de droit pénal et de procédure pénale (janvier à juin 2022) », *Titre VII [En ligne]*, octobre 2022, n° 9, pp. 114-130.

▶ A. Périn-Dureau, « Visites domiciliaires et saisie de données informatiques - Conformité de l'article L. 16 B du LPF à la Constitution », *Dalloz IP/IT*, décembre 2022, n° 12, p. 651.

▶ G. Person, T. Le Boucher, « QPC - Le régime dérogatoire de détermination de l'assiette de la C3S pour les intermédiaires opaques est constitutionnel », *Revue de droit fiscal*, 4 avril 2024, n° 14, act. 135.

▶ L. Philipp, « L'évolution de la jurisprudence fiscale constitutionnelle », *Revue de droit fiscal*, 26 mars 2015, n°13, comm. 229.

► E. Pichon, « La QPC devant la chambre criminelle de la Cour de cassation », *Revue de droit fiscal*, 22 septembre 2016, n°38, comm. 506

► J-L. Pierre, « L'imposition du contribuable, dans la situation d'une cession de droits sociaux pour laquelle tout ou partie du prix n'est pas perçu », *Revue de droit fiscal*, 11 mai 2022, n° 19, comm. 217.

► J. Pilotin, « Taxe foncière : inconstitutionnalité du droit de suite de l'administration fiscale », *AJDI : l'actualité juridique, droit immobilier*, octobre 2022, n° 10, p. 697.

► D. Ravon, « Les visites domiciliaires fiscales à l'épreuve de la technologie », *Revue des sociétés*, janvier 2023, n° 1, p. 45-48.

► P. Salin, « Contre l'impôt. Ou de quelques raisons de diminuer la fiscalité », *Pouvoirs*, 2014/4, n°151, pp. 47-56

► A. Spire, « Les formes élémentaires de l'inégalité devant l'impôt », *Pouvoirs*, 2014/4, n°151, pp. 117-128

► V. Retino, « Les aspects procéduraux de la QPC », *Revue de droit fiscal*, 26 mars 2015, n°13, comm. 234.

► J-H. Robert, « Conformité à la Constitution du cumul des sanctions pénales et fiscales encourues pour obstacle aux fonctions des agents de impôts », *Revue des sociétés*, octobre 2022, n° 10, p. 566.

► J-H. Robert, « Un abrogateur imprudent », *Droit pénal*, décembre 2022, n° 12, pp. 31-32.

► J-H. Robert, « Additions salées », *Droit pénal*, septembre 2023, n° 9, pp. 37-38.

► V. Roche « Bénéfice net et participation aux résultats : la voix du commissaire aux comptes porte loin », *La Semaine juridique. Social*, 12 mars 2024, n° 10, 3 p.

► E. Russo, « Visites domiciliaires fiscales : pas de protection des données stockées à distance », *Revue internationale de la compliance et de l'éthique des affaires*, juin 2022, n° 3, pp. 21-22.

► R. Salomon, « Non bis in idem : la Cour de cassation renvoie deux QPC au Conseil constitutionnel », *Revue de droit fiscal*, 7 avril 2016, n°14, comm. 268.

► P. Schiele, « Article L. 80 A du LPF et poursuites pénales pour fraude fiscale suite aux décisions du Conseil constitutionnel sur le cumul des sanctions », *Revue de droit fiscal*, 22 septembre 2016, n°38, comm. 531.

► M. Taly, « Le Code général des impôts. Un *elephant man* juridique », *Pouvoirs*, 2014/4, n°151, pp. 87-97.

► G. de la Taille, « Le principe constitutionnel de proportionnalité de l'impôt aux capacités contributives s'applique-t-il aux intérêts de retard et aux majorations pour mauvaise foi ? », *Revue de droit fiscal*, 10 juillet 2014, n°28, comm.439.

► M. Taly, « Le Code général des impôts. Un *elephant man* juridique », *Pouvoirs*, 2014/4, n°151, pp. 87-97.

► R. Torlet, M. Valeteau, « La jurisprudence du Conseil constitutionnel relative au principe d'égalité depuis l'institution de la QPC », *Revue de droit fiscal*, 26 mars 2015, n°13, comm.231.

► S. Trifkovic, « Inconstitutionnalité de l'article 60 du code des douanes », *Actualité juridique. Pénal*, octobre 2022, n° 10, p. 483.

► R. Vabres, « La doctrine administrative commentant une loi sur laquelle le Conseil constitutionnel a formulé une réserve d'interprétation est illégale si elle ne reprend pas cette réserve », *Revue de droit fiscal*, 6 octobre 2016, n°40, comm. 536.

## Articles ou chroniques en nom collectif

► « Jurisprudence du Conseil constitutionnel. Août 2009-Juillet 2010 », *Revue française de droit constitutionnel*, 2010/4, n°84, pp. 811-864.

► « Jurisprudence du Conseil constitutionnel. Juillet-Octobre 2010», *Revue française de droit constitutionnel*, 2011/1, n°85, pp. 99-161.

► « Jurisprudence du Conseil constitutionnel. Juillet-Octobre 2010», *Revue française de droit constitutionnel*, 2011/2, n°86, pp. 281-303.

► « Jurisprudence du Conseil constitutionnel. Octobre 2010 – Mars 2011 », *Revue française de droit constitutionnel*, 2011/3, n°87, pp. 547-639.

► « Jurisprudence du Conseil constitutionnel. Octobre 2010 – Mars 2011 », *Revue française de droit constitutionnel*, 2011/4, n°88, pp. 781-864.

► « Jurisprudence du Conseil constitutionnel », *Revue française de droit constitutionnel*, 2012/1, n°89, pp. 105-174.

► « Jurisprudence du Conseil constitutionnel », *Revue française de droit constitutionnel*, 2012/2, n°90, pp. 373-429.

► « Jurisprudence du Conseil constitutionnel », *Revue française de droit constitutionnel*, 2012/3, n°91, pp. 563-614.

► « Jurisprudence du Conseil constitutionnel », *Revue française de droit constitutionnel*, 2012/4, n°92, pp. 851-904.

► « Jurisprudence du Conseil constitutionnel », *Revue française de droit constitutionnel*, 2013/1, n°93, pp. 175-221.

► « Jurisprudence du Conseil constitutionnel », *Revue française de droit constitutionnel*, 2013/2, n°94, pp. 437-471.

► « Jurisprudence du Conseil constitutionnel », *Revue française de droit constitutionnel*, 2013/3, n°95, pp. 699-716.

► « Jurisprudence du Conseil constitutionnel », *Revue française de droit constitutionnel*, 2013/4, n°96, pp. 975-1012.

► « Jurisprudence du Conseil constitutionnel », *Revue française de droit constitutionnel*, 2014/1, n°97, pp. 121-174.

► « Jurisprudence du Conseil constitutionnel », *Revue française de droit constitutionnel*, 2014/2, n°98, pp. 467-476.

► « Jurisprudence du Conseil constitutionnel », *Revue française de droit constitutionnel*, 2014/3, n°99, pp. 665-713.

► « Jurisprudence du Conseil constitutionnel », *Revue française de droit constitutionnel*, 2015/1, n°101, pp. 177-222.

► « Jurisprudence du Conseil constitutionnel », *Revue française de droit constitutionnel*, 2015/2, n°102, pp. 494-496.

► « Jurisprudence du Conseil constitutionnel », *Revue française de droit constitutionnel*, 2015/3, n°103, pp. 685-734.

► « Jurisprudence du Conseil constitutionnel », *Revue française de droit constitutionnel*, 2015/4, n°104, pp. 979-984.

► « Jurisprudence du Conseil constitutionnel », *Revue française de droit constitutionnel*, 2016/1, n°105, pp. 127-182.

► « Jurisprudence du Conseil constitutionnel », *Revue française de droit constitutionnel*, 2016/2, n°106, pp. 473-513.

► « Jurisprudence du Conseil constitutionnel », *Revue française de droit constitutionnel*, 2016/3, n°107, pp. 653-720.

► « Jurisprudence du Conseil constitutionnel », *Revue française de droit constitutionnel*, 2017/1, n°109, pp. 197-254.

► « Jurisprudence du Conseil constitutionnel », *Revue française de droit constitutionnel*, 2017/2, n°110, pp. 465-518.

► « Jurisprudence du Conseil constitutionnel », *Revue française de droit constitutionnel*, 2017/3, n°111, pp. 713-748.

► « Jurisprudence du Conseil constitutionnel », *Revue française de droit constitutionnel*, 2017/4, n°112, pp. 941-976.

► « Jurisprudence du Conseil constitutionnel », *Revue française de droit constitutionnel*, 2018/1, n°113, pp. 173-218.

► « Jurisprudence du Conseil constitutionnel », *Revue française de droit constitutionnel*, 2018/2, n°114, pp. 473-482.

► « Jurisprudence du Conseil constitutionnel », *Revue française de droit constitutionnel*, 2018/3, n°115, pp. 603-666.

► « Jurisprudence du Conseil constitutionnel », *Revue française de droit constitutionnel*, 2018/4, n°116, pp. 959-988.

► « Jurisprudence du Conseil constitutionnel », *Revue française de droit constitutionnel*, 2019/1, n°117, pp. 177-197.

► « Jurisprudence du Conseil constitutionnel », *Revue française de droit constitutionnel*, 2019/3, n°119, pp. 721-746.

► « Jurisprudence du Conseil constitutionnel », *Revue française de droit constitutionnel*, 2019/4, n°120, pp. 967-1030.

► « Jurisprudence du Conseil constitutionnel », *Revue française de droit constitutionnel*, 2020/1, n°121, pp. 241-250.

► « Jurisprudence du Conseil constitutionnel », *Revue française de droit constitutionnel*, 2020/2, n°122, pp. 459-475.

► « Jurisprudence du Conseil constitutionnel », *Revue française de droit constitutionnel*, 2020/3, n°123, pp. 669-723.

► « Jurisprudence du Conseil constitutionnel », *Revue française de droit constitutionnel*, 2020/4, n°124, pp. 905-953.

## Rapports


- Rapport du Conseil des prélèvements obligatoires, *Le cadre juridique des réformes de l'IR et de l'IS*, 2015.
- Rapport de l'Inspection générale des finances, Mission d'enquête. La contribution additionnelle à l'impôt sur les sociétés de 3 % sur les revenus distribués (dividendes), novembre 2017.


## Sites


- https://www.actu-juridique.fr/fiscalite/fiscal-finances/les-qpc-fiscales-de-lautomne-1-2/
- https://www.actu-juridique.fr/fiscalite/fiscal-finances/les-qpc-fiscales-de-lautomne-2-2/
- https://www.actu-juridique.fr/fiscalite/fiscal-finances/les-qpc-fiscales-de-lete/
- https://www.actu-juridique.fr/fiscalite/droit-fiscal/les-qpc-fiscales-du-debut-dannee-2017/
- https://www.actu-juridique.fr/fiscalite/droit-fiscal/les-qpc-de-lete-2016/
- https://www.actu-juridique.fr/fiscalite/droit-fiscal/don-manuel-revele-les-modalites-de-taxation-jugees-conformes-a-la-constitution/

## Structures éditoriales du groupe L'Harmattan

**L'Harmattan Italie**
Via degli Artisti, 15
10124 Torino
harmattan.italia@gmail.com

**L'Harmattan Hongrie**
Kossuth l. u. 14-16.
1053 Budapest
harmattan@harmattan.hu

---

**L'Harmattan Sénégal**
10 VDN SICAP AMITIE 3
BP 45034 Dakar-Fann
direction@senharmattan.com

**L'Harmattan Cameroun**
Tsinga/Derrière polyclinique FECAFOOT
BP 11486 Yaoundé
Jacques.koukam@harmattan.fr

**L'Harmattan Burkina Faso**
Villa 281, secteur 23 623, rue 14.32
Ouagadougou
zagbie@outlook.fr

**L'Harmattan Guinée**
Almamya, rue KA 028 OKB Agency
BP 3470 Conakry
harmattanguinee@yahoo.fr

**L'Harmattan RDC**
185, avenue Nyangwe
Commune de Lingwala - Kinshasa
matangilamusadila@yahoo.fr

**L'Harmattan Congo**
219, avenue Nelson Mandela
BP 2874 Brazzaville
deunovmikhael@gmail.com

**L'Harmattan Mali**
Immeuble Mgr Jean Marie Cissé
Aci Hamadallaye
BP 145 Bamako
syllaka@yahoo.fr

**L'Harmattan Togo**
Djidjole - Maison Amela
face EPP BATOME
02 BP 20680 Lomé
didieramela11@gmail.com

**L'Harmattan Côte d'Ivoire**
Résidence Karl - Cité des Arts
Abidjan-Cocody
03 BP 1588 Abidjan
harmattan.ivoire@gmail.com

**L'Harmattan Bénin**
Rue 604, (Immeuble à l'entrée
de la rue UCAO- Cite de Saint-Jean)
Cotonou
stepcorpus@gmail.com

---

## Nos librairies en France

**Librairie internationale**
16, rue des Écoles
75005 Paris
librairie.internationale@harmattan.fr
01 40 46 79 11
www.librairieharmattan.com

**Librairie des savoirs**
21, rue des Écoles
75005 Paris
librairie.sh@harmattan.fr
01 46 34 13 71
www.librairieharmattansh.com

www.ingramcontent.com/pod-product-compliance
Lightning Source LLC
LaVergne TN
LVHW051352061026
849535LV00009B/3149